中国石油摇篮

——老照片背后的故事

马 镇◎著

人民出版社

责任编辑：洪　琼

图书在版编目（CIP）数据

中国石油摇篮：老照片背后的故事／马镇 著 . —北京：人民出版社，2019.11

ISBN 978 - 7 - 01 - 021045 - 2

I.①中… Ⅱ.①马… Ⅲ.①石油工业 - 工业史 - 史料 - 中国 Ⅳ.① F426.22

中国版本图书馆 CIP 数据核字（2019）第 156949 号

中国石油摇篮

ZHONGGUO SHIYOU YAOLAN

——老照片背后的故事

马　镇　著

人民出版社 出版发行

（100706　北京市东城区隆福寺街 99 号）

北京汇林印务有限公司印刷　新华书店经销

2019 年 11 月第 1 版　2019 年 11 月北京第 1 次印刷

开本：710 毫米 × 1000 毫米 1/16　印张：19

字数：230 千字

ISBN 978 - 7 - 01 - 021045 - 2　定价：65.00 元

邮购地址 100706　北京市东城区隆福寺街 99 号

人民东方图书销售中心　电话（010）65250042　65289539

序言　从远古中走来

　　甘肃玉门流淌着一条祁连山融雪造就的河流，亿万年的奔泻将岩层切割成陡峭如壁的深谷。它的身姿有如它的诞生一样神秘，滴水汇流冲出峡谷后便悄无声息地消失在戈壁。或许它的使命就是养育人类，在地下潜流数十公里后又涌出地面，滋润出一片生机盎然

的绿洲。这就是后来被称为的石油河。

记载石油河的石油最早见于晋人张华的《博物志》。北魏郦道元的地理名著《水经注》将这里的石油称为"石漆"。唐李吉甫在他著的《元和郡县志》里更加生动地称之为"石脂水"。北宋以后，石油河的石油被当地百姓掘坑采集用于民生。但金子般的石油直至抗战前夕只被用作居家照明和车轴润滑，它就像深藏于地下的明珠，等待着英雄将它光华于世界。

抗日战争爆发，以孙越崎为首的一大批爱国知识分子，奔赴苍凉荒蛮的大西北，在石油河畔的戈壁荒滩上建起一座现代化的石油城，造就出中国石油工业的摇篮，在世界的东方创造了人间的奇迹。"一滴汽油一滴血"，在这个特殊的战场，他们对中华民族独立和解放事业的贡献，不亚于抗战前线的血战。他们就像石油河的河水，承继着民族的历史与光荣。

（照片中国科学院童宪章摄）

目　录

第一篇

一滴汽油一滴血

　　美国当代著名学者丹尼尔·耶金在他享誉世界的名著《石油·金钱·权力》一书中坦率地指出，第二次世界大战是为石油而战。石油已经成为一个国家国力与战争能力的重要参数，可大战前的中国燃料油几乎全部依靠进口。抗日战争初期，日军相继占领中国沿海港口，仅余滇缅、滇越两条国际通道与外界联系，至太平洋战争爆发，日军切断了我国所有的国际通道，燃油一时断绝，中日两国军队力量的对比出现了更大的差距。由此，抗战军民喊出了"一滴汽油一滴血"的口号。

　　为了解决燃料的短缺，大后方的人民想尽了一切办法。当时常可以看到现代人无法想象的烧木炭的汽车，还掀起了一阵大办酒精厂，以酒精替代汽油的热潮，但这种汽油的替代品由于品质不高，对发动机的腐蚀非常严重。

　　为了战胜日本帝国主义，中国必须拥有自己的石油。

地质家的摇篮

中央地质调查所汇集了最优秀的地质学人才，先后在章鸿钊、丁文江、翁文灏三位地质学奠基人的带领下，开创了我国地质学辉煌的先河。此图为地质调查所全家福：前排左起：章鸿钊、丁文江、葛利普（美）、翁文灏、德日进（法）；中排左起：杨钟健、周赞衡、谢家荣、徐光熙、孙云铸、谭锡畴、王绍文、尹赞勋、袁复礼；后排左起：何作霖、王恒升、王竹泉、王曰伦、朱焕文、计荣森、孙健初。

　　地质学是中国在人类现代科学的星空中闪烁的第一颗明星，它就像启明的星斗照亮了辛亥后踏上科学之路的学子。

1913 年创办的中央地质调查所是我国最早的现代科学机构，汇集了世纪之初最优秀的地学人才，它的三位创始者正是中国地质学的开创者章鸿钊、丁文江、翁文灏，他们的名字已成为民国时期中国科学界的代名词。这个科学的殿堂培养了一大批在其后的岁月里开创了我国地质学各个分支学科的地质大师：黄汲清、李春昱、杨钟健、尹赞勋、李善邦、谢家荣、熊毅、王竹泉、周赞衡、袁复礼、潘钟祥、斐文中、孙建初，璀璨的星空中每一个名字的背后都是一片辉煌。我们所熟知的周口店猿人遗址，就是在翁文灏的领导下，由他的学生杨钟健、裴文中主持发掘取得了震惊世界的成果；20 世纪 50 年代大庆油田的地质发现便出自黄汲清、谢家荣之手。

毋庸置疑，寻找中国的石油亦成为地质调查所和他的领导者最为关切的课题。1920 年 12 月 16 日，甘肃东部发生 8.5 级特大地震，次年初，翁文灏率队前往灾区考察。这是中国人对我国西北河西走廊地区进行的首次科学考察，荒凉的大西北没有公路，考察队只能以骡马代步，戈壁黄沙，风寒砭骨，行旅之艰难非今日所能想象。过兰州后，考察队兵分三路，谢家荣被翁文灏派往西行，由青海越祁连山至玉门，然后经肃州（酒泉）、甘州（张掖）、凉州（武威）返回。从翁文灏为谢家荣制定的考察路线可以看出，他就是要谢家荣考察西北的石油资源。谢家荣不负所望，对玉门地区石油进行了首次科学考察，从玉门回来后写出了中国人的首篇石油地质报告。

地质调查所旧址在北京西城区兵马司胡同 9 号（现改为 15 号），始建于 1922 年，迫于日军侵华步伐的加快，1935 年地质调查所迁往南京，此址遂为地质调查所北平分所。现在虽已陈旧得有如风中残烛的老人，面临着拆迁的命运，但它滋润的科学种子已成大树，它的筋骨也随之衍化为记忆民族历史的载体，它怎么能倒下消失呢？不仅是科学界前辈，凡是了解它身世的年轻人都为它的生存呼号，对情怀的承继就这样成为一种力量，最终将它以文保单位的名义存活了下来，使我们看到它便生发出自豪与向往。

我们来看看这幅地质调查所"全家福"的照片吧。照片摄于1933年夏美国地质学家葛利普的宅院，说"全家福"并不准确，因为这个时期在所长翁文灏的领导下已经为编制中国地质图开始了全国范围的地质矿产调查，地质调查所的许多地质家正奔波在崇山峻岭中，但图中所展现的人物也已令后人震惊，因为除了早逝者他们都是我国地质学分支学科的奠基者：

前排左起是章鸿钊、丁文江、葛利普（美）、翁文灏、德日进（法）。除了地学三巨头，那两位洋人分别来自美国和法国，应聘到地质调查所后，为中国的地质事业做了可贵的贡献。

我们来介绍他们身后的学生吧——

中排左起：古脊椎动物学奠基人杨钟健、古植物学奠基人周赞衡、经济地质学奠基人谢家荣、地质矿产博物馆先驱者徐光熙、地层地质学奠基人孙云铸、矿床学奠基人谭锡畴、地质学先驱者王绍文、中国板块构造学第一人尹赞勋、地貌学及第四纪地质学奠基人袁复礼；后排左起：矿物学及岩石学奠基人何作霖、区域矿产地质学奠基人王恒升、煤矿地质学奠基人王竹泉、矿床地质学奠基人王曰伦、地质学先驱者朱焕文、地质科技文献研究奠基人计荣森、石油地质学奠基人孙健初。

了解了他们，你也就了解了为什么开卷讲他们的故事，那是因为石油河流淌的每一朵抗战油花都源于这里。

（照片中国现代科学巨匠翁文灏之孙女翁维珑提供）

【链接】

兵马司胡同 9 号院

兵马司胡同 9 号是民国时期中央地质调查所旧址。中央地质调查所的前身是北京政府工商部矿政司属下的地质科，1913 年 9 月，由丁文江任所长的地质研究所成立。1916 年，地质研究所改为农商部领导的地质调查所。1921 年，翁文灏出任所长。1941 年定名为中央地质调查所。地质调查所是民国时期中国最具世界影响力的科研机构。

兵马司 9 号是 1916 年地质调查所成立时的办公地点，占地 4 亩零 8 厘，有三座楼：图书馆楼、办公楼、沁园燃料研究室楼。这三座楼都是社会募捐建起来的。图书馆是由丁文江、章鸿钊、翁文灏三位中国地质学奠基者会同农商部矿政司司长邢端发起募捐所建。办公楼则是翁文灏到各地厂矿化缘所建，由被称为"中国建筑第一人"的贝寿同设计监修。享誉世界的当代建筑大师贝聿铭是他的侄孙，他的作品已存世寥寥，我们插图所见照片上精致的德式小楼便是他的珍贵留存。谈到"沁园"燃料研究室楼就要提及被誉为"中国炼油第一人"的金开英，他曾担任玉门油矿炼厂厂长，是这本书最重要的主人公之一。他的叔父金绍基与丁文江、翁文灏是好友，捐了三万块银圆给地调所，提出的条件是成立一个"沁园燃料研究室"，名"沁园"是为了纪念金开英的祖父金燾，他号"沁园"。至于燃料研究室，就是为正在美国哥伦比亚大学留学的金开英准备的，他留学前曾在北京大学教授燃料方面的课程。建成后，金开英回国主持了这个研究室。

　　如今，这个旧址已改为兵马司 15 号，并成了大杂院。庆幸的是在社会各界的呼吁下，被评为北京市文物保护单位，免除了被拆迁的命运。

北京西城区兵马司胡同 9 号（现改为 15 号），我国最早的科学研究机构中央地质调查所旧址，始建于 1922 年，1935 年地质调查所迁往南京，此址遂为地质调查所北平分所。

秘书长的办公室

　　一张桌，一把椅，一幅图，主人的清贫与淡薄就像一缕轻烟在陋室中袅袅地飘散。这不是自我的陶醉，这是在与国难同赴。

　　这个简陋的办公室的主人叫翁文灏，字咏霓，中国地质学的奠基者，自1921年担任地质调查所所长长达16年，是一位对我国地质事业有着全面贡献的科学家。七七事变后担任国民政府经济部长兼资源委员会主任，是抗战时期我国科学技术与工矿业的组织者与领导者。1934年，他在地质调查所讲学会上发表《中国石油地质问题》的演讲，首次提出陆相地层也可生油的理论，引发了一场石油地质学的革命，直接导致了中国石油的不断发现。此时，他的身份是资源委员会秘书长，因为委员长是蒋介石，这个秘书长的权力是很大的，掌管着全国的工矿企业和研究机构。如此看来这个办公室实在是太寒酸了。

这背后却有故事。

九一八事变后，蒋介石为应对未来的中日战争拟成立领导全国经济建设的国防设计委员会。1932年夏，蒋介石邀请翁文灏上庐山讲学，在山上他突然提出请翁文灏出任国防设计委

翁文灏，抗战时期我国科学技术与工矿业的组织者与领导者，对我国地质事业有着全面贡献的地质学家，亦是中国现代石油工业的开创者。1934年1月，他在地质调查所讲学会上发表《中国石油地质问题》的演讲，首次提出陆相地层也可生油的理论，引发了一场石油地质学的革命，直接导致了中国石油的不断发现。

员会秘书长,他自任委员长,实际工作都交给翁文灏。以科学为己任的翁文灏厌恶入仕,遂以地质调查所工作繁忙拒绝。此后,蒋介石又多次请他出山任职,他考虑东北沦丧日寇之口,满目疮痍的祖国急需自强建设,这个组织又有经费可以实现他的救国理想,便松口向蒋介石提出两个条件:一是继续担任地质调查所所长;二是不到南京上班,在地质调查所所在地北平领导工作。蒋介石竟都答应了他的条件。这个机构后来改称资源委员会。

　　知道了办公室背后的故事,你是不是为这位大科学家慨叹呢?其实爱国、守节、清贫、修身,正是中国知识分子源远流长的处世之本,尤在国难之际,更凸显对文人精神的追求。但翁文灏还不同于一般的旧式文人,他受过系统的西方现代教育,1912年以第一名的成绩获得比利时鲁凡大学博士学位,成为我国第一位地质学博士。他的目光所及已不是长河一隅,而是大洋世界。他立志要排除万难将中国的地质学屹立于世界之林,为此辞谢了海外工作毅然回国效力。他赠诗给章鸿钊、丁文江:

　　　　谢绝私交厚薪给,愿为地学启朝晖。
　　　　吴兴泰兴俱同志,筚路蓝缕何足论。

　　作为一个享誉世界的地质学家,翁文灏通晓石油在国民经济与战争中的作用,面对不可避免的中日全面战争,寻找石油成为他最急迫的工作。

　　1934年2月,翁文灏到华山考察后赶到南京参加中国科学年会,会上听说浙江长兴具备油气构造,非常兴奋,认为长兴地处

中国最发达的地区，若产石油意义重大，于是不顾多日奔波的疲劳，散会后便雇了一辆车直奔长兴。翁文灏有在车上看书的习惯，下午3时车子开动不久发生车祸，毫无提防的翁文灏当即头颅塌陷昏厥过去。当地医院将他送到杭州广济医院抢救。车祸消息传出后举国震惊，蒋介石下令调集一切医学力量抢救。社会贤达纷纷撰文祈祷翁文灏平安。胡适在《独立评论》撰文："当坏消息的一天，他的（指翁文灏）北平朋友写信给

20世纪20年代，翁文灏在周口店考察留影。他的学生、地学大师黄汲清晚年说："北京人之发现，翁先生是首功。由于有人要贬低翁先生，所以不得不把这一发现之重要性也予以贬低。"

人说：'如此天才、如此修养，岂但是一国之瑰宝，真是人世所稀有！'还有一位朋友对人说：'翁咏霓是五十万条性命也换不来的。'"

翁文灏被救活了，但他的额头却为石油留下永久的伤痕。照片上他的额头有一块塌陷，便是此次车祸所及。

我们继续讲他的石油缘。他担任资源委员会秘书长后领取的第

一笔经费便决定投向石油。中国的石油工业完全是一片空白，应该从何处起航呢？

抗日战争全面爆发时，中国境内运用现代石油技术开发的油田有两处，一处是日本侵占的台湾苗栗油田，另一处是新疆盛世才地方政府与苏联合办的独山子油田。苗栗油田已成为日本侵华的物资生产地，独山子油田的实际掌控者是苏联，石油同样不能被我国所利用。积贫积弱的中国寻找我们自己的石油之路充满了艰辛与曲折。

当时，翁文灏所掌握的石油资源地有陕北延长、甘肃玉门，以及四川盆地等三处。玉门石油地处大西北祁连山下的戈壁，路途遥远，人迹罕至，气候恶劣，并且资源情况不明，加之资金短缺，难以开发。四川油气露头多有报告，但正在调查中，也不能立即投入开发。唯有陕北延长自光绪三十三年（1907）由日本技师主持打出我国大陆第一口油井后，虽几经挫折无甚收获，但总算有些基础。

翁公在他清寒的办公室里运筹帷幄，决心将第一笔工矿开发款投向陕北。

（照片中国现代科学巨匠翁文灏之孙女翁维珑提供）

誓师黄河渡口

　　九位书生，却又是九位血性的汉子，背倚着黄河，努力挺直了腰板，任凭身后急流咆哮，对着青天表达着慷慨赴难壮士不返的豪情。这是一支西渡赴陕北高原寻找石油的队伍，这里虽不是白山黑水，虽不是热河长城，但对于这群以科学与工业救国为己任的书生，这里就是与日寇拼杀的战场。

说说这幅照片上的故事吧。

杰出的人物总会出现在历史的节点上。就在翁文灏下决心勘探陕北石油的时候，另一位开创我国现代石油工业的俊杰出现在他的面前。孙越崎，我国现代能源工业的奠基人和现代石油工业的开创者。五四运动时任天津北洋大学学生会会长，史载有四位罢课示威学生代表入直隶省长衙门与省长曹锐谈判，其中就有他的名字。1924年，他从北大矿冶系毕业后到荒凉的边地黑龙江穆棱开办煤矿，结识了来矿考察的翁文灏，

孙越崎，我国能源工业的奠基人之一、石油工业的开创者；解放战争后期任民国政府经济部长、资源委员会委员长，统管着全国121个国营总公司，上千个工矿企业，所属员工70多万，留过洋的高级工程技术人员3千余人。1948年率资源委员会整建制起义。正是由于他的起义，使旧中国的工矿企业免遭内战的涂炭，基本完好地回到人民手中，令新生的中华人民共和国迅速地运转起工业的车轮。

从此他们成为一生共济同舟的朋友。1929年赴美国留学。让他哀痛的是，1932年秋学成回到哈尔滨的家时已成"亡国奴"，他悲愤欲绝，只住了三个星期便离家到北平去找翁文灏。翁文灏正在寻找开发陕北石油的人，见到孙越崎喜出望外，立即邀他主持陕北石油勘探的工作。孙越崎来会老友就是要找报国之门，见老友要他去开

23年7月於軍渡

陕北勘探处的全体职员在军渡装运石油设备的木船上留影。左一严爽，左五孙越崎。
（原玉门油矿机厂主管工程师单喆颖之子单玉相提供）

辟石油工业之路，不禁热血沸腾，慨然赴任。

1933年9月，孙越崎带领后来成为玉门油矿矿长的严爽，骑毛驴上了黄土高原，做开发前的考察工作。高原上千山万壑，举步维艰，孙越崎深感在此地创办油矿的艰难，但他似乎听到了日军越过长城的铁蹄声，决心全力相搏将陕北石油采出奉献给国家。他撰文说："油渴如我国，复值此大战前夕，铁血油血相需殷切之时，苟其地有一线储油之希望，当应尽搜索试探之动能。"

1934年春成立陕北油矿勘探处，孙越崎任处长。7月，孙越崎率领他的职员和上海定做的三套200米汽动顿钻钻机共约100吨设备到山西黄河军渡渡口。

从军渡登船下行到陕西延水关上岸，相距一百余里，此时正值盛夏，水势浩大，滩险涛急，过黄河有如过鬼门关，何况还搭载着沉重的设备，但孙越崎决意无论如何艰险也要尽快渡过黄河。

中国人以自己的力量开创的石油工业就从这里起航了，虽然前程就像黄河的水充满了险境和曲折，但孙越崎就像他的名字一样决心跨越崎岖之路，引领大家创造中国石油工业的明天。

开船前孙越崎带领大家摄下了这张充溢着凛然之气的照片。请记住他们的名字吧：中国石油工程开发第一人严爽（左一）、中国石油钻采工程的开拓者董蔚翘（左三）、中国现代能源工业的奠基者孙越崎（左四）、中国石油机械制造的先驱者单喆颖（左五）、中国石油运输的开创者张心田（左六），这些石油工业的先驱者五年后都汇集到石油河畔，成为玉门油矿的各级主管。（由于时间久远其他四位可能较早离开石油工业，没有寻找到辨识者。）

将设备装上雇来的十八条木船后，船老大突然不让登船，对孙越崎说，要他率领随行的20余职员和雇工与船夫们一起跪下祭河神。孙越崎虽然不信神，但为了渡河便叫大家随他跪下祭拜。然后船老大杀了只公鸡，拎着鸡围着十八条船转，边转边将鸡血淋在船的四周，淋撒完后又放了一通鞭炮。仪式完成后船老大才喊号开船。

河水翻滚，船飞流直下，时遇险滩礁石、时遇瀑布旋涡，在波浪中忽上忽下，令人惊心动魄。每闯过一个险滩，船上便响起一阵欢呼。

在陕西延水关上岸后，漫漫的黄土高原上仅有蜿蜒的羊肠小

渡过黄河后，陕北勘探处雇佣当地农民与骡马往延长搬运设备。（单玉相提供）

道。孙越崎雇佣当地农民和牲畜搬运设备，翻山越岭，风餐露宿，其艰辛无词语可以形容。

一百余公里历经 57 天终于到达陕北延长。

（照片由台湾中油公司提供）

【链接】

关于照片的来源

第一次见到孙越崎率陕北勘探处员工在黄河边的照片，是24年前笔者的姑父、原台湾中油公司协理虞德麟先生为支持笔者研究民国石油史，托原台湾中油公司协理吴德楣先生来大陆探亲时捎给笔者的《石油人史话》一书中的插图。插图是在原台湾中油公司协理董蔚翘先生的大作《卅七载石油生涯》一文中，但那张照片是职员与工人在黄河边的全体合影，孙越崎和他的大将们都坐在地下，当时还没有体味出那种风萧萧兮的壮怀。不久访问孙越崎的公子孙大武，获赠《孙越崎传》，内有同幅照片。

2013年5月，因拍摄纪录片《玉门老油人纪事》，摄制组到台湾采访。首先拜访了台湾中石油公司，以期获得他们的支持。拜访中摄制组提出请他们提供些民国时期中国石油工业的资料。在他们提供的照片中，最吸引笔者的就是本文这幅孙越崎与八位部下背靠黄河挺立在天地间的照片，当更深入了解到照片的历史背景后，那种为驱除日寇壮士一去不复还的气概，不啻一股热流冲击着笔者的胸膛。

我相信，这幅照片不仅是中国石油界的传世精魂，而且也是中华民族历史传承的文化瑰宝。

中国人自主钻探的第一口油井开钻

　　1934 年 9 月 5 日，陕北勘探处第一口油井开钻。照片记录了开钻典礼的瞬间。那一定是个烈日当空的晴日，那也一定是个群情振奋的场面，第一钻井队的员工站在井架巨大的身影下神情昂然，似乎都被镜头前的一个人感染着。那个人一定是孙越崎，因为照片中没有他的影子。怎么会没有他呢？那一定是他在指挥着他们拍照。"挺胸，挺胸！"他在这样喊；"今天是个好日子！"他或许还这样鼓动大家。

这一天对中国石油工业的确是个划时代的日子，只要101号井的钻杆转动，便以中国第一口自主钻探的油井而载入史册；这支由严爽担任队长的钻井队也将以第一支具有现代钻井工程意义的石油队伍而首开先河。

此前，中国的石油工业是有很多第一的：

光绪四年（1878年），在洋务派人物沈葆桢、丁日昌的领导下，于台湾苗栗县公馆乡出磺坑后龙溪打出了中国第一口具有近代工业意义的油井，但那完全由美国的技师、技工和美国设备完成的；光绪二十三年（1907年），距101井一百余米处打出了中国陆上第一口油井，同样，这口井从地质定位到钻探采油都是日本技师、技工和日本设备完成的，当然最后都难以为继而告终。

此次陕北油矿钻探前，资源委员会秘书长翁文灏先后派出多位地质家到陕北做地质调查，最后由王竹泉、潘钟祥发现了延长、永坪一带的储油构造，确定井位20个，并测绘出地质分布图，为即将到来的钻井工程队伍做好了充分的地质准备。孙越崎带来的三套钻井设备，其中锅炉、钻铤、钻头向美、德购买，核心设备钻机及其他装置由张金镛设计上海新中公司制造。由于路途艰难没有购买井架，到延长后由严爽设计图纸，单喆颖就地取材使用木头，按照图纸指导木工做出部件。由于绘图准确制造精密，井架一次安装成功。此时石油工业已经成为现代工业的重要部分，而陕北高原的这座木制井架恐怕在世界上也是独特的景观，它反映了抗战前中国经

中国人依靠自己的力量打出的第一口石油井——延长 101 号井。

陕北勘探处购置的德国造蒸汽锅炉。（台湾中油公司提供）

孙越崎在延长101号井井场
工作。左一为张心田。（台湾中
油公司提供）

陕北勘探处101号井钻机。这
是由张金镛设计的我国第一部自
制钻机。蒸汽机所用锅炉由德国制
造，其余设计装置均在上海定制。
（台湾中油公司提供）

延长油矿在张家园子打的 103 号井。右一为严爽。
（单玉相提供）

济的现状，也映衬出中国人面对日本侵略者不屈不挠的精神和超凡的智慧。

孙越崎到延长后，将所带技术人员和愿意留下的雇工与原延长石油官厂的留守工人组合在一起成立了两支钻井队，一队在延长，二队在永坪，加上办公室、机修、供应等机构，一支现代石油钻井工程队伍出现在黄土高原上。

中国人进行的地质勘查，中国人的钻井工程队，中国人制造的钻机井架，这样的油井怎能不插上中国第一的标签？严爽不负众望，十天后 101 井出油，日产 1.5 吨。这是完全由中国人将地质和钻探科学结合在一起打出的第一口获得工业油流的井。（数据摘自《孙越崎传》）

出油的第二天，孙越崎架起了原始简陋的卧式锅炉，采用蒸馏的方法炼出了柴油。随即孙越崎用炼出的柴油启动柴油发电机，向北平的翁文灏发去了报捷的电报。此时翁文灏因车祸负伤治愈后已回北平家中休养，收到电报后极为兴奋，高兴地说："我派的地质师还没有到，他们就打出油来了，真不简单！"

延长油矿在烟雾沟打的 102 号井。（单玉相提供）

延长油矿在烟雾沟打的 102 号井。左边是办公处。（单玉相提供）

　　老友超凡的工矿领导能力在令翁文灏惊叹之余，又使他生出请孙越崎救急的决定。焦作中福煤矿是中英合资的大型企业，由于经营不善濒临倒闭，蒋介石命令翁文灏主持整理挽救，翁文灏一介书生又重伤初愈，如何担当此任？陕北勘探的成功让他想到了孙越崎，于是他不顾陕北勘探刚刚起步，在收到孙越崎的报捷电报不久便给孙越崎发去一封让人捉摸不透的电报："速到新乡会面，商谈中原某大矿事宜。翁文灏"。

　　开发陕北石油是翁文灏谋划已久的决策，怎么刚有头绪便要将他召回呢？但孙越崎知道这位老友若事不紧急是不会让他离开的。孙越崎离开后由严爽代处长，毋庸置疑，他走后也就暂时离开了石油工业，再回来时已是石油河畔。

（照片由台湾中油公司提供）

一个红色石油专家的故事

照片上的墓地是北京八宝山烈士公墓，墓地的主人是原石油部勘探司副司长严爽，墓碑旁的女子是他的女儿严知本。我们必须讲一讲这对父女凄美而又曲折的故事，如果对读者忽略掉，那么后面

石油河畔的故事也不完整。

1935 年 5 月 1 日深夜，延长县城响起清脆的枪声，但只片刻便宁静下来。延长县城西门外的陕北勘探处员工都惊醒了，聚集在代处长严爽的屋外。须臾，一位国民党驻军军官跑来通知严爽，共军刘志丹部攻占县城，叫他们向瓦窑堡撤退。但严爽拒绝撤退，对员工说："国家已向这里投了许多资金，没见效益扔下就走如何交代？红军也是中国人，也需要石油。政治的事咱们不懂，只管探油，勘探工作还要继续进行。"

红军接管油矿后，果真没有为难严爽，让他继续领导生产。平安地过了五个月。一天，红军突然来人将他和另四位职员逮捕，押解到瓦窑堡关起来。严爽质问原因，被告知是原石油官厂的一位职员逃跑了，怀疑他们一起通敌。

1935 年 10 月，中央红军到达陕北，落脚瓦窑堡。一年的征战不仅战士疲惫不堪，粮草物资也已到了山穷水尽之地，急需建立新的后勤保障机构。解放后曾任国务院副秘书长的高登榜是陕北刘志丹的部下，一天接到通知，任命他为中央国民经济部建设科科长，叫他即刻到部长毛泽民处报到。

毛泽民见到高登榜后，即向他交代建设科的工作，告诉他："红军要在国民党武装的封锁下生存下去，就要就地取材、就地生产，靠自力更生来解决问题。"

高登榜立即想到延长油矿，便向毛泽民详细介绍了油矿的情况。毛泽民高兴地要高登榜想办法尽快恢复生产。高登榜说：

"我们不懂技术，要恢复生产就得先把关押的技术人员放出来。"

"关在哪儿呢?"

"就在瓦窑堡。"

毛泽民严肃地说:"他们靠手艺挣钱糊口,是真正的无产阶级呢。"

第二天,毛泽民给高登榜写了一张条子,叫他到司法部将严爽等人解除关押后接到经济部,再找个窑洞把他们安顿下来。

到经济部后,

光绪三十三年(1907),由陕西巡抚曹鸿勋奏请申办的延长石油厂成立。图为石油厂旧址。

毛泽民请严爽吃饭。席间,毛泽民用商量的口吻对严爽说:"请你回到油矿负起责任来怎么样?"

严爽满口应允,但提出派一位中共干部去领导。

几天后,严爽被任命为延长石油厂生产厂长,高登榜为行政厂长、中共党支部书记。严爽回到油矿后组织员工迅速恢复了生产,用采的原油为陕北根据地炼出了煤油、擦枪油,制作了石蜡、蜡烛、油墨和油印纸,为红军和根据地的巩固和发展做出了很大的贡献。解放后一些红军老将军在遇到严爽后还回忆说,忘不掉他制造的凡士林解决了红军战士冬天手脚皲裂的病痛。那是中央红军到陕北后的第一个冬天，因为都是南方人，不适应北方天气，全部患上了冻疮，战斗力大减。严爽了解到这个情况后，亲自动手利用石蜡研制治疗冻疮的凡士林油膏。研制成功后投入批量生产，供应给红军各个部队。奇迹很快发生，仅一两个星期所患皲裂症的指战员全部治愈。严爽为此受到了中共中央的表扬。

红军的宝贝不能不受到重视了。毛泽民要为严爽组织家庭，并亲自出面给他介绍女友。严爽拒绝，告诉高登榜，他的妻子在上海，还有两个女儿。高登榜劝慰他说："你已加入红军，上海距离陕北又那样遥远，不知道何日才能回去。"

为他介绍的女子叫冯玉兰，是个小学教师，长得极为秀美，与丈夫离婚后带一个四岁的女娃子到延长生活。严爽被高登榜拉着与冯玉兰见面时，蓦然被她女儿天真可爱的样子吸引住。望着这个没有父爱的孩子顿时生出怜悯的情怀。他答应了这门亲事。

结婚后，严爽给这个女儿起名叫严知本，意喻叫她不要忘了自己的来处。他极疼爱这个女儿，每天下班后便教知本读书识字，给她讲故事。小知本因为生下便命途多舛，性格内向，现在则每天都沉浸在笑声中。一年后，冯玉兰为严爽生了个儿子，这令无子的严爽欢喜若狂，在严酷的环境中得到了更多的慰藉。

1936 年底，东北军攻占延安。严爽离开了陕北。怎样离开的呢？

有书籍说，中共方面对严爽表示来去自由，严爽担心不能专事矿业，经高登榜同意离开延长；也有书籍说，严爽是在妻子的帮助下化妆逃出来的。笔者采访一直追随严爽的单喆颖老人，他讲：严爽在延长接到毛泽民的指示后组织石油厂的职工撤退。永坪矿的员工正在准备行装时，东北军派人将在矿的孙洪九副厂长带去见一位吴师长。吴师长说，受南京资源委员会的委托，接严爽和原陕北勘探处的员工回南京。于是，永坪矿所有外来人员随东北军到了延安。东北军未到时延长的红军已撤，工人们得知永坪员工被东北军接走后，遂簇拥着严爽第二天也来到延安。

为深入了解严爽，笔者到中央档案馆查看资料，在一份严爽自述中，他是这样表述的：高登榜带石油厂警卫队随大部队撤退，临行要严爽留下组织游击队对抗国军，严爽担心留下后被组织怀疑通敌，便接受了东北军传达的资源委员会接他回南京的口信，离开延安。但这也有一个不确定的情节，高登榜是军人，又是党支部书记，他不把可贵的专家带走保护起来，却让一个纯粹的书生组织武装，有些不可思议。

在档案中看到了一个惊人的信息：1936年2月，严爽在毛泽民的关怀下，由高登榜介绍秘密加入了中国共产党。说秘密，是因为单喆颖身为石油厂工会委员长竟不知此事。

严爽的档案中没有脱党、叛党的结论。

玉门油矿地下党支部代理书记王道一回忆说，严爽出任油矿主管，他的党员身份被人告密后，严爽给予了他有力的保护。1949年8月，严爽参加资源委员会起义，带领大部分上海中国石油总公司职员接受军管。

无论陕北红军是以什么原因放严爽离开陕北的，客观上都有利于中国石油工业未来的发展。

严爽离开陕北后先就近到焦作去拜见孙越崎，然后到南京向翁文灏报到。翁文灏认定严爽是中国石油工业不可多得的才俊，见到他后便决定派他到美国诺曼大学攻读石油工程，以备后用。

　　严知本回忆说，父亲走后，妈妈上班，她在家中看护弟弟，虽然思念父亲非常痛苦，但全家没有受到任何不公正待遇。两年后，严爽回国主持玉门油矿的筹备工作，在周恩来的关怀下，由陕甘宁边区政府代主席高自立出面将冯玉兰和两个孩子送到玉门与严爽团聚。

　　冯玉兰到油矿后，为严爽又生了一个男孩儿，但在生第三个孩子时，由于油矿初办医疗条件太差，又远离城市，不幸难产过世。10岁的严知本大喜大悲，更加依恋父亲，懂得了为父亲分忧，在家担负起照顾两个幼小弟弟的责任。

　　石油河水不是眼泪，石油河一直唱着这父女、姐弟四人动听的歌。

　　　　　　　　　　　（照片原玉门油矿矿长严爽之外孙陈申生摄）

【链接】

资　料

中国大陆解放前夕，上海中国石油总公司中共地下党组织开展护产斗争，严爽作为总公司协理（即副总经理），接受中共地下党的领导，直接出面将中国石油总公司原有的"员工励进会"、"员工福利会"改造成为"员工联合会"，使之掌握在中共地下党的手中。"员工联合会"实际上成为中共与即将垮台的国民党当局进行斗争的合法组织。斗争的结果，不仅保护了原中国石油总公司的绝大多数企业资产，而且将绝大多数高级技术人员留在了祖国大陆。新旧政权交替，战火不断，中国的石油工业不仅没有受损，而且没有停止生产，除了原本在台湾的石油企业留给了撤台的国民党政权外，在大陆的石油企业完整地保留下来，使新中国刚刚诞生便转动起石油工业的车轮。严爽为此做出了杰出的贡献。

新中国成立后，1950 年 8 月，燃料工业部成立石油总局，由上海中国石油公司军代表徐今强任代总局长，严爽任副局长；下设西北石油管理局，康世恩为局长，杨拯民、邹明为副局长。严爽成为新中国石油工业的第二号主管。他主抓生产，为新中国热火朝天的生产建设所鼓舞，常年奔忙在全国各地的石油企业和探区调查研究、指导工作。他是开国之初石油工业发展规划的主要制定者，为我国石油工业的腾飞做出了重大贡献。

1955 年成立石油部，严爽任勘探司副司长。1959 年 6 月，入中央社会主义学院学习。1962 年 5 月 2 日因病逝世，享年 66 岁，安葬在北京八宝山革命烈士公墓。

董蔚翘的巴山探油路

　　当我们看到这幅群裸图时，你就不能不为画面强烈的动感所激动。滩过了，船翻了，一群赤裸的汉子，数条横亘江中的木船，在高亢的川江号子中从激流里捞起一根沉重的钻井套管。就这样从重庆出发，逆嘉陵江，入渠江，进峡谷，闯险滩，向着巴山深处的石油井位破浪而行。此时，70余万中国军队与日寇的战略会战正在上海激烈地进行着，巴山蜀水间的号子不正是另一个战场的呐喊。

往井场搬运的水泵。

讲讲照片上的故事吧。

红军攻占延长后，严爽留在解放区，在永坪钻井的董蔚翘撤回了南京。翁文灏已到南京主持资源委员会，对董蔚翘安慰一番，给了他3个月的探亲假。他在东北的家早已被日寇占领，因为不愿做亡国奴才流亡北平投奔翁文灏的，现在只好到北平寻友寄情。

假期未满他便被翁文灏召回报到。回南京后才知，陕北先后打出的七口井仅两口出油，勘探的不成功使翁文灏把找油的希望转向四川，命董蔚翘参加四川油矿的筹备工作。四川油矿的勘探分为巴县、达县两部，董蔚翘被任命为达县矿区主任。

四川是我国最早发现石油天然气的地方，辛亥革命后，中外许多地质家对四川的地质做过考察，对这里的油气资源充满希望。早在勘探陕北油矿之初，翁文灏已做出了勘探四川石油的计划，陕北

1937年3月，四川油矿勘探处巴县石油沟矿区。坡上办公室与工棚已经盖好，坡下井架已经安装完毕，工友们则在修筑道路，可见钻井设备还没有到达。（台湾中油公司提供）

勘探的失败促进了计划的实施，派员到德国订购了四套1200米旋转式石油钻机。

随着日军发动侵华全面战争的迹象越来越明显，四川油矿加紧了筹备工作。或许是开发工作过于仓促，从一开始便命运多舛。1936年4月，德国开始发货。7月，部分设备到上海港，董蔚翘随油矿勘探处处长王撖到上海接货，雇用民生公司的船运至重庆。后到的设备，由于枯水季节无法行船，放到宜昌待来年再运。翁文灏心急如焚，但也无奈。

最后一批设备到岸时，中日已经全面开战，日军进攻上海，长江沪渝航线中断，到港设备只好转运香港，经粤汉公路到汉口，再从汉口上船入川。不料，在从广州转运汉口途中遭遇敌机轰炸，丢失了 19 件设备。这批货是钻机最重要的动力设备，丢失了两台，只好先装配两台投入使用。

巴 1 井是我国第一次使用现代化的旋转钻机钻探成功的首口油井，获得了天然气，初产 14150 立方米。遗憾的是没有获得原油，而当时的技术又无法有效利用天然气。

达县在巴山深处，山深林密，无路通车。井位是地质家潘钟祥确定的。董蔚翘去看井位，从重庆先搭船走长江到万县，然后乘汽车到梁山，公路中止，只好雇滑竿被人抬到达县。井位在一个叫石梯坎的地方，有渠江相通，设备运输选择水运是唯一的办法，但上岸后还有十余公里的羊肠小道，需筑路才能通行。此行正值川东大旱，饥民流走，饿殍遍野，无人埋葬，令董蔚翘哀伤不已。日寇猖獗，只有百倍努力驱赶贼寇，才能改变这悲惨的现实。董蔚翘决心披荆斩棘尽快将设备搬运到井场，开钻探油。

1937 年 8 月，存放

四川巴县矿区安装井架。（台湾中油公司提供）

37

董蔚翘

在重庆的四百吨钻井设备开始向达县启运。运输极为艰难。油矿勘探处雇木船20余艘，先沿嘉陵江逆行至合川入渠江，河谷渐深，正值雨季，暗礁滩险，船重水急，纤夫虽裸身牵纤，仍难以把握，过滩时常有船触礁翻入江中，于是停船打捞，竟无一损失。

1937年10月，钻井设备陆续运抵石梯坎，但从码头到井场十余公里的山路还没有修好。董蔚翘指挥民工奋力抢筑，至1938年开春才修好道路，将设备运抵井场。

下面的事情就叫董蔚翘纠结了，甚至有些痛苦。钻机安装完毕后便等待上级的开钻命令，却久等不来。至8月，等到的是翁文灏命令达县矿区停止钻探，所有员工撤到重庆。原来由于巴1井始终没有出油，达县地质情况也不理想，面对急迫的抗战需油形势，翁文灏认为甘肃玉门石油有更大的希望，决定排除万难开发玉门油矿，将资源委员会有限的人力财力转移到玉门。

既然将生命交给了石油，还有什么可苦恼的呢？或许石油河比渠江还要动人呢！

董蔚翘又奔赴了新的战场。

（照片台湾中油公司提供）

【链接】

资　料

　　董蔚翘先生是中国石油工业拓荒时期传奇性的开拓者，作为钻井工程最早的技术人员，在民国时期参加了陕北、四川、玉门、台湾油矿的钻采工作，他的石油生涯就是中国早期石油钻井工程史。

　　1942年5月，董蔚翘作为玉门油矿钻井主管被甘肃油矿局选派赴美攻读石油钻采工程。1944年8月学成回国。一年后，日本战败投降，董蔚翘被派往东北参加日产接收工作。半年后，中国石油总公司成立，他被任命为玉门油矿矿场矿长之职，遂重返油矿。

　　董蔚翘任矿长期间，矿场在他的领导下，管理、技术、设备都得到了飞跃式的提升，勘探区域逐年扩大，1948年原油产量达到民国时期的最高峰77920余吨；同时培养了一批宝贵的钻采技术人才和一支技术熟练的工人队伍，为未来中国石油工业的腾飞打下了更加坚实的基础。

　　1948年5月，董蔚翘赴台出任台湾油矿勘探处处长。接任时，台湾石油前景极不乐观，多数人认为被日本占领时勘探没有大的收获，加之缺少资金，物资缺乏，再继续下去无甚希望。但董蔚翘坚持台湾有油的看法，努力开拓，使勘探处的工作坚持下去。

　　中国大陆解放后，以留滞台湾的玉门老油人为骨干成立了台湾中油公司，金开英任总经理，董蔚翘任协理（副总经理）兼勘探处处长。1954年卸任处长，专职石油探采的协理，为台湾石油工业的发展做出了巨大的贡献。

1981 年 2 月 23 日凌晨，董蔚翘在台北寓所去世，享年 79 岁。安葬于苗粟出磺坑矿场山麓，那是他来台时艰难奋斗过的地方。

(照片台湾中油公司提供)

从桐树籽中提炼汽油的金开英

照片中戴眼镜的书生叫金开英，以"中国炼油第一人"的美誉，在中国石油工业史上留下了深深的足迹。那三位是他的部下邹

明（前左一）、林强（后左一）、叶树滋，与他一起在抗战的重庆续写了一段传奇，开办植物油提炼轻油厂，为中国军队制造了大量急需的燃料。

金开英，字公弢，1902 年出生于浙江湖州南浔一个富贾之家，两度赴美留学，1931 年回国应聘为地质调查所燃料研究室主任。这个研究室的任务是为缺少石油的中国寻找燃料油，其中的一个研究就是从植物油中提炼汽油、煤油。

日军攻占上海后，很快封锁了沿海的所有港口，进口燃油断绝，军民用油到了危机的时刻。恰巧在这时，西南各省盛产的油桐树籽和油菜籽榨出的油因为战乱销不出去，大量积压，甚至发生了砍油桐树的事情。1938 年 3 月，在武汉的翁文灏被任命为经济部长兼资源委员会主任，他想到了沁园燃料研究室植物油提炼轻油的研究成果正可为抗战所用，便电召金开英到武汉，任命金开英为植物油提炼轻油厂筹备处主任，赶到四川收购桐油，到重庆筹建工厂。

金开英到重庆后，就在他人地生疏不知从何下手时，巧遇老同学王德郅和他的好友黄明安。黄明安家是四川首富，很快帮助金开英在小龙坎石门购得建厂土地。

轻油厂于 1939 年 8 月开工，工厂所有的设备都是自己设计自己制造。由于大后方技工的技术不行，所做管阀缺少精密，加上管材品质不好，设备安装后试车六次都因为油泵不能承受热油和管子不能耐高压高温而失败。后来有人告诉金开英，资源委员会工矿调整处库房有一批质量很好的制冰机用的管阀。金开英通过翁文灏调来这批设备，安装后很快试车成功，于 12 月投产，所产汽油、煤油品质均合格。1940年秋又投产修建了柴油厂。

地质调查所的燃料研究室由于迁徙无定已经无法开展工作，植物油提炼轻油厂的建设有了雏形后，金开英便向翁文灏申请在厂内设立燃料研究室，得到翁文灏的支持。1938年将撤到长沙的燃料研究室人员、仪器设备、图书杂志都转到厂内，继续燃料室的研究工作。在金开英的指导下，研究人员将菜籽油加温至摄氏100度时，吹入空气氧化至一定黏度后制取出了润滑油。实验成功后，金开英立即决定投入生产。在抗战的艰苦时期，金开英能够成立并主持这样一个生产科研相结合的企业，实属创举。

1939年8月，为扩大生产资源委员会与兵工署合作，各出50%的资本，厂名改为动力油料厂，因是军方办厂，厂长金开英由此有了一个"同少将"衔。动力油料厂的产品完全供应军需之用，有数字统计：1939年至1944年，动力油料厂共生产汽油744立方米，柴油2800立方米，机油324立方米，擦枪油38立方米，黄油58立方米，马达油4立方米（长寿、江北、合川等分厂未统计）。

植物油提炼轻油在成本上是不合算的，但在抗战时期燃料油极端匮乏的情况下，还是发挥了很大的作用。金开英功不可没。

（照片原台湾中油公司总经理金开英之子金士徵提供）

【链接】

抗战时期的酒精厂

抗战时期因进口燃油断绝，为缓解油料匮乏之困，除从植物油提炼燃油外，还大量生产酒精替代燃料油，为此，大后方开办了62家酒精生产工厂。

62个酒精厂中，资源委员会属9个，军政部及兵工署属7个，其余为民办。所用原料有：甘蔗、红糖、糖清、白糖、桔糖、糖蜜、干酒、小麦、玉米、麸曲等。民办酒精厂因技术、管理等原因，质量均不高，原因是酒精生产出来后不与汽油掺兑，造成汽车发动机部件腐蚀严重。

随着技术和管理的提升，酒精产量逐年提升，1942年以后，大后方酒精年产量可达1500万加仑，大大缓解了燃料油的紧张状况，保证了汽车运输的需要。

第二篇

风雪老君庙

这是一座静处在最荒凉之地的庙宇，祁连山下的戈壁中，只有石油河汩汩的流水与它作伴；

这是一座没有了香火的庙宇，怀着梦想的淘金者塑起了寄托梦想的老君，却又如骤起的狂风呼啸而来呼啸而去，将它留给淘油人在里面挡挡风寒。

这是座让太上老君最委屈的庙宇，坐在一丈见方的殿堂里，早已是彩剥灰掩，座塌身倾。

如若不是日寇的铁蹄践踏我们的河山，或许它就在风雪与黄沙中坍塌湮灭，但随着 1939 年 8 月距它 15 米的油井喷出石油，它的名字一夜之间便传遍了全国。

"老君庙"真有些像我们多灾多难的民族，面对外辱不屈不挠，浴火重生。现在它已成为中国石油工业的圣地，老君金彩披身，庙宇院重殿阔。

80 年来，只要在石油河畔工作过的石油人，无论走到世界哪一个角落，相遇后都会说自己是庙里走出来的人。

顾维钧与石油湖之谜

　　历史是不能设计的，许多事件的当事者甚至感知不到所谓的历史价值，已经留下了深深的足迹。九一八事变后，民国时期在国际上最负盛名的外交家顾维钧秘密插手石油，虽无功而返，但中国石

油工业史却记下了他的名字。说秘密，是因为在他百年人生中所留下的回忆录中全然看不到这段历史的文字。

1934年7月，顾维钧从驻法公使的任上回国度假。度假期间，他和周作民、钱永铭、严恩槱、张盛隆四位银行家联名呈文国民政府实业部，请求特许专探专采甘、新、青三省石油。申请的理由是：中国的油料生产几乎为零，每年进口需耗资一万万元之巨，发展民族工业才是自强自立之本。实业部接到呈文后立即呈报蒋介石。蒋介石同意顾维钧的申请，但提出了四个限制条件，其中重要的一点是："油矿开采务必全用华资，万一查有洋股，所得权利完全无效。"

顾维钧获得甘、青、新石油开采特许权后，在上海成立了"中国煤油采矿公司筹备处"，聘请美国地质家马文·韦勒和弗雷德·萨顿组织考察队赴西北考察。政府派中央地质调查所的孙健初随同考察。随即成立了西北地质矿产试探队，顾维钧的老友、外交家史悠明任队长，队员有韦勒、萨顿、孙健初。

疑问来了。当时大西北只有探险者的足迹，根本没有有价值的勘探资料，顾维钧身为外交家怎么会有那么大的决心出面探采三省石油？更何况中国还没有石油大王，几位金融家虽富甲一方，但要出资私营毫无把握的大西北石油，资金很难运作。

美国地质家韦勒的女儿在韦勒去世后，将韦勒当年考察的日记、信件、考察报告以《戈壁驼队》为名编撰成书。这部书出版后对破解顾维钧投资石油之谜有了豁然开朗般的收获。

在韦勒的信件中有这样的记述：

顾维钧博士为首的一批中国首富已在中国西北数省享有石油开采权。……一位加拿大人作为中国人的代理人已经同纽约的美孚石油公司接洽，商谈美孚石油公司参加该地区石油资源的开采问题。因为对美孚石油公司在该地区开采石油已作出何种允诺毫无所知，所以他们要求先得到第一手的报告，然后再商谈合作问题……虽说我是被中国人直接雇佣的，但我却是美孚石油公司的雇员，并且从该公司领取薪俸。……

——1937 年 1 月 8 日

按原来的计划是要乘一艘快轮的……但是美孚石油公司的另外两个人已经订了这艘快轮的票，公司觉得如果四个人在一起容易引起别人的怀疑……

——1937 年 2 月 11 日

顾维钧曾做过美国公使多年，与美孚石油公司熟悉并不为怪，但他在特许权事件中不仅依靠美孚石油公司，而且可能还有不被人知的"允诺"的做法，便与蒋介石不允许外资介入的要求大相径庭了。

在韦勒的信件中，我还读到这样一段稍纵即逝的话：

……我们到中国大使馆去会见顾维钧博士。……我们很快发现，他对于野外地质考察将做哪些工作和应该做哪些工作知道得很少，可他认为我们考察的地区虽然相对来说不很大，但我们应尽可能地覆盖更大的地区……

1936 年 3 月 26 日，顾维钧结束度假返回法国上任。韦勒见到顾维钧已是一年以后的事情。从韦勒信件中的上述文字中，我们产生出这样的疑问："这位受人尊重的外交家为什么会冒着舍弃名节的危险，对那些荒凉的不毛之地发生兴趣？那片亚洲的腹地约占中国五分之一的面积，顾维钧为什么说考察的地区'不很大'？"

结论只能有一个：顾维钧早已有了确定的考察目标。

那么这个目标是哪里呢？

韦勒到中国后的第一个晚上，顾维钧的姻兄严恩槱宴请了他和萨顿，作陪的客人中有一位美国人哈里·赫西先生。韦勒在信中介绍哈里说，哈里旅居中国 25 年，是顾维钧的好友，并对中国西北部的石油资源很感兴趣，而且曾花费大量私人经费来搜集有关石油资源的情况。

不久，在韦勒的信件中出现了记述"石油湖"的内容——

　　……我们得到一项未经证实的消息，据说在甘肃和青海的边境上接近青海湖的地方，有大片地区渗出原油。如果这一消息属实（这是从俄国人那里透露出来的），该地区可能会成为世界上最大的产油地区。据说这一地区面积达 250 平方英里（约合 647.49 平方公里），其中一半据说是一个名副其实的石油湖，湖上挥发的气体十分强烈，以致使人感到窒息……

通过韦勒的信件已毋庸置疑，顾维钧获得了石油湖的秘密。顾维钧急于获得西北三省的石油专探专采权并组织考察队，其目标就是寻找神秘的石油湖，而情报的提供人就是哈里·赫西。

关于寻找石油湖的最有力的证据来源于书中提供的韦勒个人为顾维钧或美孚公司撰写的考察报告：

……哈里·赫西先生的几位白俄友人曾告诉他甘肃西北部有一个很大的石油湖，这是他收到的一封信中所描绘的：

上次我曾向你提到过的那个大石油湖，坐落在与南山一条支脉相连的山谷中，这里是一片戈壁滩，寸草不生，附近也没有人家。石油湖地区周围大约250平方公里，这是一个很大的石油湖，其表面的10%为沥青，50%是石油［有的地方厚度超过1英尺（约合30.48厘米）］，40%是渗有石油的土壤。当我们的友人第一次来到这里，石油气味强烈得令人窒息，因此他们不敢再深入这一地区去考察，以免晕倒……

石油湖是存在的，这完全是可能的，但是前往这一地区考察的任何考察团都不曾提到这样一个地方，而且深入到南山开采金矿的中国人对此也毫无所知。因此，唯一可能的结论就是，或者这一报告纯属骗局，以便从赫西及其友人手中得到好处，或者是对石油河做了过分地夸大。

我们可以从韦勒的信件中勾勒出顾维钧在他的回忆录里隐去的一段秘情了：

1934年6月，顾维钧回国度假，各界名流仰慕他的名望，纷纷来他的府邸拜会。哈里·赫西在中国旅居25年，是顾维钧的旧识，自然也来拜望，但他却另有所谋。石油湖的秘密一直折磨着他。他老了，已不可能独自获取石油湖的财富，必须尽快找一个可

1997 年，原石油部副部长李天相访美期间拜会了韦勒的女儿哈莉特·韦勒，在书房惊异地发现墙上挂着 60 年前顾维钧为了韦勒能够顺利考察，写给时任甘肃省主席于学忠的亲笔信。由于到甘肃时于学忠已经离任，此信便成为永久的留念。图为李天相拍下的哈莉特站在顾维钧信件下的照片。（李天相摄）

以将这个秘密变为现实的中国人。他选中了顾维钧。顾维钧深谙石油在当今世界政治与经济中的地位，禁不住被哈里的石油湖所打动，随即找到四位在银行实业界的亲朋好友商谈此事。面对滚滚财源，几位富豪一拍即合，很快便向政府呈文申请特许权。特许权批准后，顾维钧凭借与美国各界的人际关系，不久与美孚石油公司联系上，并开始了合作的谈判。直至他 1936 年 3 月度假结束后在法国大使任上，仍指挥着特许专探专采西北三省石油的筹备工作。而哈里·赫西则在西北考察期间离开了人世。因为与美孚公司的合作违背不许外资介入的决定，又因为石油湖的子虚乌有，致使开发西部石油的事情草草了事，毫无结果，所以顾维钧在他的回忆录中回避了这段历史。

但顾维钧或许是为了中国在未来的中日之战中，因为石油而处于强者的地位；或许是为了中国在未来的经济发展中，因为石油而处于领先的地位，才铤而走险担当了此事。

【链接】

顾维钧探采西北石油权批复经过

1935 年 7 月 12 日，顾维钧、周作民、钱永铭、严恩栖、张盛隆等五人联名呈文国民政府实业部，请求特许专探专采甘肃、新疆、青海三省石油。实业部长陈公博接到呈文不敢怠慢，立即呈送蒋介石。

这五个呈文的人在 20 世纪 30 年代都是中国的闻人。顾维钧自不消说，周作民是金城银行董事长；钱永铭是江浙财团的首领，中国、交通两银行的常务董事；严恩栖、张盛隆均是南洋首富。1935 年 8 月 7 日，蒋介石复函同意顾维钧等五人的申请，但提出四个限制条件：1. 该地地临边陲，油矿开采务必全用华资，以免引起意外纠纷，万一查有洋股，所得权利完全无效；2. 在平时或临时，皆须遵守中央政府所颁之法律及命令，各种运输方法皆须先得政府核准；3. 关于该处地质情形及探采炼等方法，须与资源委员会随时接洽；4. 有必要时政府得派员监察或指导。

陈公博具此向行政院送上提案，行政院因有蒋介石的详尽指示，很快做出决议，将提案送交内政、外交、军政、财政、实业等五部，会同经济、军事、资源等三个委员会审查。五部三会审查后写出报告，转呈国民党中央政治会议核定。中央政治会议核定后，于 1935 年 11 月 1 日发布国民政府"秘字第 82 号训令"，正式批准了顾维钧等五人的申请。

孙中山生前是极力主张矿业国营的，此番蒋介石将石油开采权交私营承办，虽约法"四章"，仍免不掉"违训"的行为。如此大的国计民生之事，从申请到批准仅用三个半月时间，速度之快令人咂舌。这虽然有赖顾维钧的名望和人际关系，但日本人蓄意挑起的战争威胁迫使蒋介石不得不考虑国力增强的问题，不能不说是事情的关键。

寻找石油湖

　　这幅照片是 1937 年 3 月美国地质家韦勒（中）、萨顿（左）拜访南京中央地质调查所时与孙健初的合影。

　　这两位美国人背负顾维钧寻找石油湖的计划孙健初是不知道的，在他的心中就是一次科学考察，这对他来说也是要迫切完成的事情。1935 年，他率西北地质调查组完成跨越祁连山，考察甘、青两省的壮举，令中国地质界为之振奋，但由于地方军阀马步青的阻挠，他没有实现对肃州石油资源的调查，所以寄希望于这次顾维钧组织的西北地质矿产试探队完成他的夙愿。

1937 年 7 月 5 日，西北地质矿产试探队出发了。三天后，卢沟桥事变爆发。

队长史悠明，队员韦勒、萨顿、孙健初。史悠明曾任驻美国纽约总领事、秘鲁公使，是顾维钧多年的朋友，他不仅是领队，还担任着翻译的工作。

对于这次探险考察，史书无任何记载，我们只能从韦勒的书信中得知详情。他写道：

> 我们的考察队终于出发了，一共有驮运装备物资的骡子 20 匹，另有马和骡子共 5 匹供骑用，还有两匹骡子驮着史悠明和工人的行李。我和弗雷德、孙健初 3 人骑着牲口，4 名工人轮流乘两匹骡子，另一名工人推着一辆自行车改装的计程车跟随行进，以便记下路程的远近。

试探队于 7 月 12 日到达西宁。他们的目的是去青海湖，因为哈里将石油湖的方位大致定在青海湖附近。

孙健初担心青海的军阀马步芳，能否允许试探队进入青海考察实属未知。没想到试探队刚到西宁，马步芳已派代表在城东门等候，并将他们安排到最好的旅馆。

15 日，马步芳在他的官邸接见了他们。会见充满了神秘的东

试探队考察途中在河湾客栈休整。桌旁坐者为孙健初（左一）、萨顿（左二）。

试探队在荒原中留宿，天亮后准备拔营出发。

试探队在野外扎营做饭。

试探队在戈壁风沙中前进。

方情调。会客厅的地上铺满东方地毯，色彩鲜艳而亮丽，一个高出地面的平台上，有一把很气派的椅子。马步芳在会客厅接见了试探队的队员，他不但同意了考察的全部计划，而且还同意派军队做试探队的保卫和向导。这真令试探队的全体队员喜出望外，因为马步芳的赞同态度，就预示着今后的甘、青两省考察将畅通无阻。

试探队于 7 月 27 日进入湟源河谷。这里是最有希望出现石油的地方。他们沿河谷考察，直达青海湖，在一条入湖的小河边扎下帐篷。韦勒和萨顿一顶，史悠明和孙健初一顶，五名马步芳的护兵一顶，驮夫们共住一顶大的，还有两顶作为厨房和饭厅。当六顶帐篷竖起来时，远远望去，俨然成为荒原上的一座帐篷城。

他们开始在青海湖周围进行考察。

湖面上有一种奇特的野鸭引起两位美国人的兴趣。为了得到这样一只色彩斑斓的野鸭，韦勒和萨顿骑马绕湖追猎。好像湖神对美国人的亵渎行为不满，令湖边的蚊子不停地袭击他们。就在他颓丧地要放弃捕杀时，萨顿猎到了一只野鸭。

一天，他们发现了一条小溪边的一个洞里有鱼，士兵和驮夫立即下水捕捉，竟捉到了十余条。这种鱼有 30 多厘米长，令萨顿吃惊的是鱼的全身没有一片鳞。士兵们说，这是有名的青海湟鱼。鱼成了队员们丰盛的晚宴，但无鳞令韦勒厌恶，竟拒绝进食。

在对青海湖周围的考察中，他们不断遇到恶劣的自然环境造成的困难，丢失了马匹，还遭到土匪的袭击，但都未能阻挡试探队的前进。

令人沮丧的是，一个月后，当试探队结束青海的考察时是失望地离开的。这里不仅见不到那神秘的石油湖，甚至连石油生成的条件也被否定。他们在考察报告中断言:"这一地区已无进一步考察的价值。"

只有寄希望于祁连山北麓。

9月19日,试探队到达甘肃肃州,即今日的酒泉。因为有国民政府的电令,马步芳又在青海做出欢迎的姿态,让肃州的马家另一位土军阀马步康很客气地接待了试探队。

试探队在肃州做了休整,补充了生活用品。与青海的考察不同,肃州以西,过嘉峪关后,不但人烟稀少,而且缺少水源,为此,他们购买了八匹骆驼,以便在干旱的戈壁滩上做负重之用。

10月2日,试探队离开肃州。因为肃州自古便有石油苗露头的记载,所以这次考察的目的和路线都很明确。孙健初骑骆驼,两位美国人由于不习惯骑骆驼,仍旧骑马。

试探队在青海湖畔遇到一个藏族家庭,从穿戴看生活应该很富足。

（美）韦勒所著《戈壁驼队》。

他们沿着祁连山麓向西，考察所有传闻中渗出石油的地方，但都不是美国人所期望的。

由于是依山考察，试探队没有走嘉峪关，直到10月12日才跨过长城。孙健初找到一位蒙古族头人，送给他一块茶砖做报酬，请他作向导，带他们去石油河。

石油河是肃州玉门县境内一条由祁连山雪水汇集而成的小河，因为两岸自古便有石油从崖缝中渗出而得名。自清同治年，这里便开始有人采集石油作为商品外销，做照明和车毂的润滑用，是肃州石油产量最多的地方，因此成为试探队西北考察最有希望的目的地。

10月15日，试探队到达石油河畔。

韦勒写道：

这是一片高地，比山下的石油河高出350英尺（约合106.68米）。在高地边沿可以俯视石油河，它从河床的鹅卵石上咆哮着流淌过去。在河面以上100英尺（约合30.48米）处的高地上有一座濒于倾圮的红色小庙，以下的戈壁滩全被石油浸成黑色。

韦勒笔下的小庙，便是数年后闻名于世的老君庙。

在河畔有一座石头搭起的小房子。他们便走下河谷，去造访房子的主人。里面住着三个人，一个是十来岁的孩子，穿着极破的羊皮袄，浑身沾满了黑色的原油。韦勒说，只有用砂纸才能清除这孩子身上的油垢。这三人便是石油河畔的采油人，他们每天用长柄勺将地下渗出的石油舀出来，收集到桶里，再用毛驴驮到崖上，倒入油池，等待城里来的牛车装运到外地卖掉。

四个月漫长的跋涉，试探队终于见到了石油。他们在石油河的周围地区考察了七天，七天的考察，希望与失望相悖相存。

失望，是因为两位美国人没有找到那令人神往的石油湖。韦勒判断，那个哈里获得的报告纯属骗局，为从哈里手中获取好处，对石油河做了过分地夸大。

历史证明韦勒的判断是正确的。此时，哈里·赫西已到天国。

但孙健初却感到如释重负。石油河之行不仅了却他两年前未能完成的地质调查，而且对玉门的石油资源有了更详尽的了解。在他与两位美国人共同编写的玉门地区地质考察报告中，满怀希望地写道：

"目前已可断言，石油将出现于甘肃之西北部。"

（照片原中国科学院副院长、中国石油地质学
开创者孙健初之子孙鸿烈提供）

【链接】

两件玉门石油考察报告

1984年1月，孙健初的公子、中科院院士孙鸿烈接到老朋友美国登山协会主席尼古拉斯·克林奇来信，信中兴奋地告诉他说，得到一本《戈壁驼队》的书，书中讲的是孙院士父亲孙健初西北探险的事。克林奇还帮助他联系到编著者哈莉特·韦勒女士，她正是与孙健初一起考察西北石油地质的韦勒博士的女儿。《戈壁驼队》汇集了韦勒1937—1938年考察中国西北石油地质时所写的笔记、日记、书信和考察报告，具有极珍贵的历史价值。恰逢石油部政策研究室的张江一撰写《孙健初传》，孙鸿烈将此书交于张江一，张江一遂将书推荐给石油出版社出版。

笔者获得《戈壁驼队》时正在撰写反映抗战时期开发玉门油矿的书，如获至宝，将书中韦勒秉顾维钧之意寻找石油湖作为切入点。对于石油湖这个切入点，书出版后原玉门油矿经理邹明评价说："顾维钧作为享有世界声誉的外交家为什么要插手西北石油的事情，我多年没有搞懂，你的书让我明白了。"但不久后在与张江一参加一个会议时，他向笔者提出这样一个的问题："我在写《孙健初传》时，在中国地质博物馆看到了韦勒、孙健初写的'玉门石油地质考察报告'，但那里面没有《戈壁驼队》中引用的石油湖的内容，怎么回事？难道有两份报告？"

笔者会散后立即针对这个问题对《戈壁驼队》进行再研究，并注意收集有关资料，最终得到以下结论：地质报告确为两份，一份名为《中国西北甘青两省地质考察报告》，由韦勒撰写，韦勒、萨顿、孙健初共同签署，作为正式文本递交中央地质调查所和中国煤油采矿公司筹备处。因为顾维钧与美孚石油公司接洽合作开发西北石油，报告可能送交了美孚石油公司。这是份严谨的科学考察报告，直接促进了玉门油矿的开发。另一份被翻译为《本地区地质考察报告》，由韦勒撰写。报告的内容涉及寻找石油湖，而石油湖又是顾维钧与合伙人四位银行家的私人秘密，这份报告应该是专门写给顾维钧和他的合伙人的。这也解释了为什么韦勒考察西北地质后，中国煤油采矿公司筹备处从此停止工作，再无进展，被誉为中国近代史教科书的《顾维钧回忆录》也无西北考察这段历史的记录。

周恩来鼎助翁文灏

    这是一幅极为悲壮的照片，在荒凉的山道上数十人拉着四轮车上的石油钻井设备向山上艰难地行走，我们仿佛听到了回荡在空中的号子和工人低沉的"哼嗨"声。他们在从陕北往玉门油矿搬运钻机，自咸阳至老君庙1500公里，雇用马拉大车依靠人力沿简陋的西新公路翻山越岭、跨越戈壁荒滩，费时5个月才运抵油矿。这是抗战时期中国人为找到自己的石油所付艰辛的真实写照。

它背后的故事又是怎样的呢?

1937 年 12 月 13 日,日军攻占南京,此时,国民政府机构已撤到武汉。1938 年元月,翁文灏临危受命出任经济部长兼资源委员会主任。军队需汽油,将沿海工矿企业往大后方搬迁更需要汽油,燃料油告急是他上任后最为急迫解决的事情。他想了两个办法:一是用植物油提炼轻油的应急之法,已让金开英操办;二是想办法开发玉门石油。恰在这时到甘青考察的韦勒、孙健初辗转抵达武汉,他立即召见了他们。孙健初向老所长递交了西北地质考察报告。翁文灏边阅读报告,边与他们讨论报告中关于玉门石油的内容。第二天,他们又谈了半天。此后,翁文灏又独自深入地研究这份报告,最终下定决心,再次召见孙健初。

翁文灏语重心长地问:"子乾,如果我们现在着手勘查玉门油区,你以为如何?"

孙健初回答:"抗战军兴,海路多被日军封锁,洋油来之不易,如果我们开发玉门,当有功于抗战,利之于民,价值无量。"他遂向翁文灏请缨,"吾愿做开发玉门的一员。"

翁文灏为有这样的部下而自豪。他向孙健初表示了开发玉门油矿纵有千难万险也要功成此业的决心。他接受了孙健初的请求,要他立即着手做赴玉门实地勘探的准备。

开发玉门石油有一个障碍,即顾维钧曾领到的开采权。由于试探队的甘青考察结果令顾维钧和他的财团失望,加之抗日战争爆发,私人开采西北石油已成空谈。借此机会,翁文灏以"少川等未照契约如期探采"为由,用经济部的名义将探采甘青新三省石油特

抗战时期周恩来被任命为军委会政治部副主任时与另一位副主任北伐名将黄琪翔在武汉的合影。（郭秀仪提供）

许权收回。顾维钧未做任何阻挠，即同意了经济部的收回令。

1938 年 6 月 12 日，资源委员会在汉口成立甘肃油矿筹备处，任命严爽为筹备处主任，因严爽还在美国留学，由张心田代理。

此刻，翁文灏最为头疼的是钻机。连年内战，国库竭蹶，偌大的资源委员会谈得上现代二字的石油钻机仅有五部，两部在四川，正在勘探油气田，三部在陕北，1935 年被红军接管，但能否调出，翁文灏深感忧虑。此时，周恩来任国民政府军事委员会政治部副部长，正在武汉。翁文灏只有求助这位促进国共合作的周公。筹备处成立的当天他便携张心田亲自拜访周恩来，请求共产党方面能够将延长三部钻机中的两部调到玉门，支持玉门石油的开发工作。

周公心胸坦荡，当即爽快地表示："同心为国，绝无疑义。"

此话如春风拂面，使翁文灏绝处逢生。

6月18日，张心田到第十八集团军驻汉口办事处以资源委员会的名义正式致函商调钻机。办事处主任钱之光请示周恩来同意后，于6月20日致函资源委员会同意油矿筹备处赴陕北调运钻机。应该指出，红军接管延长油矿后，虽然没有再钻探新的井，可勘探处打出的两口出油井仍继续着生产，产量虽微，但解决了陕甘宁边区的不少困难。周恩来送钻机之举，体现了国共两党一致抗日的意愿。

张心田将原陕北勘探处的旧人召来重庆，随后赴陕北接运钻机。陕甘宁边区政府副主席高自立和八路军留守处主任肖劲光会见了张心田。8月下旬开始拆迁。边区政府充满诚意，在钻机拆卸过程中将所有装置设备全部配齐。拆卸完成后，由于井位离公路远，边区政府又动员群众将设备抬运到公路旁，还选送了一批熟练的石油工人随钻机赴玉门参加油矿的开发工作。

此时，在美国留学的严爽已经回国，在酒泉组

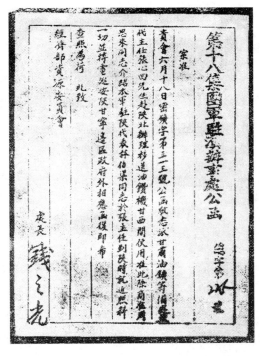

第十八集团军驻汉口办事处主任钱之光给资源委员会的复函。（玉门油田提供）

建筹备处。张心田到陕北提出接回严爽滞留在延长的妻子与女儿、儿子。因有周恩来的关照，在高自立的帮助下，严爽的妻子冯玉兰携一对儿女告别陕北，随钻机搬迁队伍到玉门与严爽团聚。

10月初，张心田商租八路军留守处 13 辆卡车将两部钻机运到咸阳。其后，因汽车汽油全供军用，西北公路局无车可派，张心田只好雇用马拉大车载运。由于路途遥远，设备沉重，加上公路简陋的只是将土石削平而已，上坡爬岭，路沟道陷都需人力推拉，每日行进缓慢。途中张心田因筹备处事宜离开运输队，交给与严爽一同从陕北出走的单喆颖押运。单喆颖与工友风餐露宿，沐雨栉风，翻秦岭、踏戈壁，经 1500 公里的艰难搬运，历时 5 个月，直至 1939 年 3 月才运抵老君庙。见到疲惫不堪的运输队，老君庙的油人欢呼过后无不唏嘘慨叹。

翁文灏心中的块垒摈除了，开发玉门石油即将成为现实。以"科学救国"为己任的翁文灏不能不为他虽然从政，但仍能将理想付之实际而欣慰。

（照片台湾中油公司提供）

石油河畔的第一顶帐篷

　　1938年6月，为打破日本侵略者对我国的燃料油封锁，资源委员会在汉口成立甘肃油矿筹备处，下决心开发玉门石油，任命严爽为筹备处主任。

　　11月28日，严爽与地质师孙健初、地质测绘员靳锡庚一行在兰州会合后，自兰州向酒泉进发。大西北的冬天寒风砭骨，黄沙漫野，坐在破旧的卡车上，缩成一团也不见丝毫的热气。靳锡庚是唯一带家属的人，因为妻子病殁，他只有携四个未成年的女儿共赴玉门。他将小女儿搂在怀里，用体温暖着孩子冻僵的身体。

12月4日到达酒泉，在三官楼街上的一处房子设立了筹备处。

在酒泉，他们做到石油河的生活物资准备工作，买了一顶帐篷，租了22峰骆驼，雇了一名驮夫，另外还招了两名测量工。值得一提的是，他们上路前捆了许多草带上，用来铺地铺。

筹备处的制度很严，公私分明。靳锡庚因为带四个孩子坐公车赴任，路上又与公务人员同吃同住，严爽扣除了他的出差补贴。因此，靳锡庚必须安顿好女儿才能赴玉门。他找到住在筹备处对面的刘兴国家，请求租用刘兴国的一间房子给女儿住，他应允教刘

玉门油矿开发出之初的老君庙。（台湾中油公司提供）

兴国测量技术，并到筹备处工作作为回报。刘兴国见有公事可做，答应了靳锡庚的请求。女儿们终于有了一个家，这让靳锡庚放下了一颗心。他为女儿们买来生活用具，让她们自己生火做饭，他则与孙健初搭伙吃饭。

1938 年 12 月 23 日，玉门石油先遣勘测队出发了。中国石油史应该记住他们的名字：严爽、孙健初、靳锡庚，工人刘万才、宿光远、邢长仲、刘兴国，还有一名

孙健初在野外考察。（原中国科学院副院长、中国石油地质学开创者孙健初之子孙鸿烈提供）

驮夫。22 峰骆驼，驮着他们和物资出嘉峪关，向石油河走去。

"酒泉西望玉门道，千山万碛皆白草"。祁连山上银装素裹，祁连山下荒漠黄沙。苍凉凄寒的穹隆下，万物皆空，唯有这支驼队在与大自然的搏斗中艰难地跋涉着。

这里听不到中国军民与日寇激战的枪声，但这声声驼铃同样昭示着中国人民战胜日本侵略者不可动摇的意志。

先遣队第一天到嘉峪关，第二天到火烧沟，第三天到白杨河。在白杨河，村长派了两个小伙子给先遣队带队，一个叫陶福兴，一个叫罗兴义。这两人到石油河后便留下做了测工。

1938 年 12 月 26 日，这是中国石油史上值得纪念的日子。天

一亮先遣队便启程。天下起雪来，风卷着雪花寒气砭骨，加上海拔高，人和骆驼都累得气喘吁吁。先遣队于黄昏到达了石油河畔风雪弥漫的老君庙。

这座老君庙不知建于何年，只传闻是来石油河淘金的人修建的。当年孙健初曾欲来酒泉考察，马步青坚决阻止其行，就缘于石油河沙金之故。但现在天寒地冻，已不见人踪。小庙仅10平方米左右，敝椽陋瓦，一派颓败的景象。庙内供着一座泥塑的老君像，彩漆剥落，尘灰遮面，不知香火断了多少时日。唯一可见人类还在关照老君的，是后倾欲倒的老君像后有一堆支撑的鹅卵石。这位老君是断然没有想到，今天到来的这一行人会使他的这座孤处于祁连山下荒漠中的小庙在一年后闻名于神州大地，成为中国石油工业的发祥地。

出现了一个惊奇。在老君庙西边一座石头垒的地窝子里跑出一个十多岁的孩子，满身的油污，只留有一双闪着惊喜目光的眼睛，使这些找油人感到眼前的这个生灵是个人娃。问他，他说他是舀油的；叫什么？不知。那就叫油娃吧。这个油娃的故事在以后的半个世纪里流传在玉门石油人中，充满了传奇

靳锡庚1945年摄于老君庙。（王道一提供）

玉门石油河畔的淘金人。1935年，孙健初赴酒泉首次考察玉门石油受阻，就是因为军阀马步康担心他在石油河的淘金生意泄露。

色彩。不久，油娃神秘地走了，再也没人见到。

严爽一行在距老君庙东面三四米的地方支起了玉门油矿的第一顶帐篷。帐篷旁的老君庙做了厨房。

夜晚，九个人头顶头排成两行睡在帐篷里。

半夜雪停了，冷寂的夜空升起一钩弯月。峡谷中传来石油河水冲击冰雪发出的清晰悦耳的声响。

大西北空旷而深邃的夜空包容着严爽、孙健初、靳锡庚三颗难眠的心。不仅是寒气的难挡，更是寻觅理想的亢奋令他们难以入睡。他们披衣而起，呵着手在帐篷里憧憬着老君庙美好的明天。

孙健初说："将来我们在这个地方能打出一口自喷井就好了。"

　　严爽说："一天能出 50 桶就不错。"他 1934 年曾随孙越崎到陕北延长找油，打出了中国人自主钻探的第一口油井，可延长打的井一天仅出百十公斤，不足一桶。

　　靳锡庚更风趣："我看出五桶就不错。"

　　三人都在想象老君庙的未来，可谁也没有想到一年后老君庙会震惊中国。

（照片玉门油田提供）

一号井的惊雷

　　这是一幅对中国石油工业史有着划时代意义的照片，中国第一座现代化油田就从图中这座井架开始了。俯瞰老君庙可真实地看到它真的小得可怜，它身后耸立的井架、工棚、宿舍和搭建的房架，以及停在井场刚刚购进的第一辆卡车，将老君庙挤得愈加仄小。但

陕北钻机运抵玉门老
君庙安装。（台湾中油公
司提供）

老君不会怪罪，这些现代人类带来的喧哗，不仅唤醒了亘古不变的石油河，而且让他闻名全国，香火绵延。

故事还要从董蔚翘说起。

四川油矿勘探处达县探区主任董蔚翘1938年8月接到资源委员会通知，叫他立即停止巴县的钻探工作，将所有员工撤到重庆待命。董蔚翘带领员工到重庆后，资源委员会便正式通知他们做赴玉门油矿的准备工作。10月中旬，董蔚翘率所部员工押运十余辆卡车器材到玉门，由重庆出发，经成都、广元、汉中到西安，再经平凉、翻越华家岭到兰州；休整数日后，沿河西走廊经永登、武威、张掖，到酒泉时已是12月中旬，2500公里竟走了两个月。所谓公路，其实就是稍加平整的土路，崎岖不平，坑洼无整，稍加速度人的五脏六腑都会颠出。最要命的是雇用的卡车，在恶劣的路况中沿途抛锚不断，一辆停全队等候，令董蔚翘深感开发玉门石油的艰难。

董蔚翘从四川带来的员工组成了玉门油矿第一支钻井队，他也被任命为钻采主管。由于陕北的钻机没有运到，孙健初在距老君庙后面 15 米处测定了一号井井位后，董蔚翘便带领钻井队队员修道路、平井场。由于筹备处人员少，董蔚翘还兼任主持油矿的土木基建工作。戈壁上奇缺树木建材，为应对大批人员的到来，他先到嘉峪关附近的绿洲村落高价购买旧房料、门窗，再用荒滩上的芨芨草编席做墙，抹上泥土搭建成临时草房。随着工人的增多，来不及购料建房，便在石油河西岸崖壁下凿了十几座窑洞做临时工房，无须多少木料，并且冬暖夏凉，解决了一时之难。一年后，随着员工宿

油矿开发之初为解决员工一时住宿之难在石油河谷峭壁上挖掘的窑洞。有一部分窑洞是淘金人留下的。（玉门油田提供）

舍的建设便搬离了窑洞。

　　1939 年 3 月，陕北钻机运到一号井井场。3 月 13 日，董蔚翘开始指挥钻工挖方井。方井这道工序是董蔚翘"发明"的，说来令人又喜又悲。因为日军封锁沿海，依赖进口的钻头、钻杆等石油器材极为珍贵，钻机又是很原始的上下顿击的顿钻，钻深能力仅为200 米，董蔚翘怕在戈壁砾石层过多损耗钻机，便设计在井位处先开挖一个 1.5 米见方的竖井，挖到所需深度后再下钻头开钻。

　　抗战前我国没有石油专业的教育，钻井工程师原本几乎都是搞煤炭的，因为战时急需燃料油才转业石油，董蔚翘便曾先后在辽宁北票、黑龙江鹤岗煤矿就职，他的石油钻采技能都是在摸索中学到的。后来聘请的美国技师到矿后，便取消了挖方井的工序。

夏日祁连山积雪融化，泛滥的石油河水从一号井井架前奔腾而下。（玉门油田提供）

　　3 月 27 日，方井挖到 23 米见一油层，厚5.39 米，日产原油 1.5 吨。5 月 6 日，方井挖至 26.7米处，董蔚翘下令钻机开始下钻。至 8 月 11 日，井深 115.51 米完井，自喷出油，日产 10 吨。这是中国自光绪四年（1878年）由美国人主持的第一口现代油井在台湾出油以来，所获工业油流最多的油井，它宣告第一座由中国人自主开发的油田出现在中国的大西北！

玉门开采出石油的消息犹如一声惊雷震动了全国，老君庙一夜之间闻名天下。呼喊出一滴汽油一滴血的国人将老君庙石油的涌流当做战胜日本帝国主义的利器，振奋了抗战的斗志。日军得到老君庙石油的消息极为震惊，在获得老君庙的位置情报后，将玉门油矿作为轰炸的重要目标，但鞭长莫及，日机只炸到武威再无前进。

玉门石油，这颗深藏于地下的明珠终于放出了夺目的光华！

（照片台湾玉门老油人刘话难提供）

老君庙门前的炼油炉

　　照片上的装置是安装在老君庙门前的炼炉，即使放在80年前，这只炼炉也是原始简陋的，但站在炼炉周围的人们却表现出很是自豪的神情。不错，老君庙在战时大西北的戈壁荒滩上犹如一座海上的荒岛，一切都需自力更生才能生存与发展，了解了这点便理解了照片主人公的自豪缘由。这是玉门油矿的第一只炼油装置，右起第三人是油矿筹备处处长严爽，右起第二人便是炼炉的制造者单喆颖。单喆颖与严爽一起留在陕北为红军服务，又一起离开陕北可见他们之间的友谊。他不知道严爽是中共党员，但他在陕北担任石油厂工会委员长，接受过中共的教育，是不能不影响他的人生的。受中共长江局川东特委派遣到玉门油矿的地下党员王道一回忆往事时说，单喆颖要求进步，是他预备发展的重点对象。

1939 年 3 月，单喆颖押运陕北的钻机到老君庙后，被严爽任命为临时机械厂厂长。说临时是因为当时不仅没有多少员工可配备，机修设备也仅有董蔚翘从重庆带来的可怜的几件，根本支撑不起工厂的架子。直至油矿局成立后，他才被正式任命为机厂厂长。

油矿因草创，新购的汽车及发电、生活等用油极为困难。1939 年 3 月 13 日，一号井动工挖掘方井，3 月 27 日挖到 23 米时，从沙砾层渗油，最高日产达 1.5 吨。采集的原油被倒入用戈壁土石围成的油池里。望着越积越多的原油，严爽又喜又忧。单喆颖是矿上唯一的机械师，他便请这个老朋友想办法制造个简易的炼炉来炼油，以解燃眉之急。

没有设备和材料单喆颖根本造不出炼炉。他跑到酒泉城，想看看城里有没有蒸馏锅之类的东西。没想到天公作美，竟打听到酒泉有一位欧洲传教士早年购买了一台 70 加仑的小型蒸馏锅，欲炼石油河捞采的石油没有成功，目前正放在酒泉西北化学公司内闲置着，便请示严爽将蒸馏锅买来。

这台蒸馏锅搬运回矿后，单喆颖用一根铜管自制了一只比重计，用来分拣各种轻重油，再制作出其他的附属配件，5 月初改装

石油河河谷。（张家
环摄）

完毕，被他命名为"间隙性立式炼炉"。5月6日开始试炼。用什
么燃料呢？说来难以置信，有当地的骆驼草，有员工到石油河下游
砍伐的柳树枝，还有一些买来的煤。由于锅皮太薄，最高温度只能
提到290℃。用人工往炼炉里加原油，每次装油76.5加仑。炼出的
各种油品要先用茶壶接住，然后再倒入油桶里。

试炼成功后正式开炼，这样就有了我们文前的那幅庆功照片。
严爽留学美国，懂得这只炼炉的意义，他与工友们流露出的自豪是
发自内心的情感。

随着原油产量的递增，炼油设备凸显不足，严爽再次请单喆颖
制造新的炼炉。受命于危难之时的单喆颖又夜以继日地组织机械厂
员工筹集材料制造新的蒸馏锅。没有钢板，单喆颖就指挥工友将大
口径的钢管破开代用，很快赶制出数个可日炼原油450公斤的"卧
式蒸馏釜"。一时汽油、柴油、灯油不仅满足了油矿的自给自足，

84

而且还出售给酒泉的其他部门。

这小小的炼炉啊，给了战时大后方的民众多少希望，你能够嘲笑它的简陋与渺小吗？

风雪中的地质测绘队

　　井架、钻机、漫山谷的白雪，将四个石油人映衬得豪情万丈，那种为国赴边找油的理想、抱负一览无遗地展现在他们的笑靥与气度中。这幅照片的珍贵还在于，是我们看到的最清晰地从延安运来的木质井架和原始钻机的影像，也是玉门油矿钻井先驱者们与钻塔在一起最早的形象。时间是1941年冬，地点是五号井井场。依次的人物是：（左起）钻井主管工程师卢克君、实习员蒋邻湘（后任玉门矿务局副局长）、工务员姜辅志（后任石油部勘探司总工程师）和此文的主人公靳锡庚。靳先生是油矿先遣勘测队的队员，中国石油工业的功勋人物，但由于时间的久远，我们没有找到他初到老君庙的照片，便把这幅他唯一的在勘探现场的影像奉献给读者。

　　于是我们就可以说说这张地质图了。

　　这是靳锡庚入住老君庙的第二天便主持测量并亲手绘制的老君庙油矿地质图，亦是中国人绘制的第一张油田地质图。这张在中国石油工业史上可谓彪炳春秋的图纸，它背后的艰难是我们今天难以想象的。

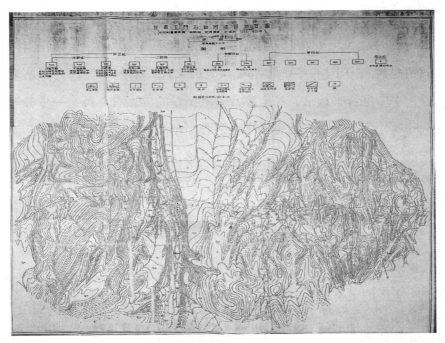

靳锡庚绘制的中国石油史上第一张完全由中国人测量绘制的油田地质图。

　　随玉门油矿先遣勘测队到老君庙来的工人，大部来自酒泉周边的农村，没有文化，更不懂得测绘，连标尺都是第一次看到，但油矿筹备处处长严爽只能给测绘员靳锡庚这样的测工。三个月后才派来一位年轻的技术员李同照做记录。

　　先遣队赴老君庙的第三天经过白杨河，村长派了一个叫陶福兴的小伙子做向导，到老君庙后被靳锡庚留下做了测工。见陶福兴有去无回，白杨河的村民立时有了恐慌，以为他被抓壮丁充了官差。有好事的跑到老君庙打探，竟见陶福兴扛着标杆在帮助一位先生测量，于是又传开老君庙来了位"憨宝的法师"。不久陶福兴回家道平安，又见他当差不仅白吃白喝，还挣回几块大洋，更加轰动了。从此后，油矿需要劳力，周围百姓都争先恐后地来应差干活。

　　来到老君庙的第三天，靳锡庚带着五名工人到与孙健初一起观测定下的地点，开始了开发玉门油矿的地质测绘。靳锡庚回忆当时的情景说："玉门的冬季常刮着六七级大风，山高风大，人都站不稳。手中拿着平板仪，身上穿着又沉又厚的皮大衣，每走一步都气喘吁吁。天气奇冷，冻得手疼痛钻心，鼻涕直流，掉在平板仪上就冻成了冰疙瘩。有一天我又冻又饿，感到气压低得喘不过气来，突然就晕倒在戈壁滩上，可叹当时连一粒药都没有。"

　　他们在野外就餐，带的馒头早就冻成冰坨，好在工人是土生土长的，拔些戈壁上的骆驼草点着了，将馒头就火烤着吃。初到老君庙连水壶都没有，渴了就到沟里抓把积雪塞到嘴里。

　　生活的艰苦都可以挺过去，最让靳锡庚头疼的是测工全是头次接触测绘。测绘讲究的是队伍的密切配合，一个旗语，一个手势，哪怕相距两个山头都能准确无误地传递意图。可他们不仅不识标尺，不懂旗语，有的连文字都需扫盲。头一天测量前，靳锡庚认为已经说清楚了，一个工人放出去后，还是把标杆横放在测点的木桩上。这倒和中国的石油工业同步，一切都要从零开始。

白天野外工作十一二个小时，回到老君庙后，靳锡庚又当起教师教工人们测量知识。就这样边干边学，从第一天只测五六个点，到最后可以测到八九十个点。

初到老君庙是 1938 年 12 月 26 日，四天后迎来了元旦。严爽宣布给他们一天的假，可在漫天皆白的大戈壁上，放假又能到哪里去呢？吃过早饭，靳锡庚照常领着测工扛上工具到石油河对岸测绘去了。

1939 年 10 月，靳锡庚带着这支在干中成长起来的地质测绘队，完成了老君庙一百余平方公里的测绘任务，绘制出中国石油史上第一张完全由中国人测量绘制的石油地质图。

（照片玉门油田提供）

【链接】

靳锡庚赠我地质图

1994 年春节前夕，笔者给海内外四十余位原玉门油矿的耄耋老人发去了求访和笔谈信函。

初五上班刚落座，电话铃便响起来。话筒中传出的是一个苍老而混浊的声音："我是靳锡庚啊……93 岁了……你来你来……我要和你谈……"解开半个世纪前玉门油矿之谜，便是从这个声音开始的。

老人的步履如笔者预料的那般蹒跚，听力不足，眼睛因青光眼只能平视眼前的一小块地方。他孩童般地希望笔者听完他所叙述的一切。他就是一部历史，他可能会像所有他这个年龄的老人一样，毫无头绪地讲述自己的人生，但每句话都可能是不会再重现的历史资料。在以后的采访中，几乎每一位老人，无论职位高低，都像靳锡庚一样，希望笔者倾听他们对那段历史的描述，那是他们人生的辉煌，是他们理想的结晶，是他们生命的寄托，是他们对祖国的挚爱。他们企望着这段历史不要被遗忘。

笔者理解这些老人，因而同意了靳锡庚的意见，但又要求他每次只讲两个半小时，中间休息二十分钟。他又孩童般地一笑，同意了。于是，从 2 月 15 日开始至 21 日，除中间休息一天外，连续采访了六天，靳老将他一生的经历托付给了笔者，笔者也开始拨开石油河畔的烟云，一组英雄的群像渐渐清晰地矗立在石油河畔。

临结束采访，靳老将他绘制的《甘肃玉门石油河油田地质图》复制件送给笔者作为纪念。书中所刊的这幅地质图便是靳老所赠。

第三篇

到玉门去

当中国军人在战场与日寇殊死厮杀的时候，大后方掀起了建设大西北的热潮，玉门石油的涌现将爱国青年的血脉偾张得愈加沸腾奔流。

可那里不是绿洲，没有垂柳，没有飞雁，没有良田。

它只有两个令人生畏的数字：重庆西北去 2552 公里，海拔2400 米。

"出了嘉峪关，两眼泪不干，向前看，戈壁滩，向后看，鬼门关"，这则流传千载的谚语道出了当年西北路途之艰难，令意志薄弱者十行九返。但战胜日本帝国主义的信念鼓舞了大批有志的爱国青年，不惧险阻，跋山涉水，穿越戈壁，投入玉门的怀抱。

抗战辞家十年归

　　摄于抗战胜利之日的这幅照片，是在欢送玉门油矿炼油厂厂长
金开英赴台湾接收日产石油企业。金先生穿着一袭大褂站在中间，

金开英的父亲金绍堂率全家在北平家中的合影。金开英忙于工作缺席。前排左二为金
开英长女蔚斯,长大后万里寻父到玉门。(金开英之子金士徽提供)

很是飘洒喜悦。众多的同事欢送他,不仅出于与他在大戈壁上为抗
战艰苦创业的情谊,也表达了对他为国忘我高尚情操的景仰。

金开英出生于浙江南浔的一个巨商之家,中央地质调查所"沁
园燃料研究室"大楼便是金开英的叔父捐献的。1931 年,金开英
从美国回国进入地质调查所,任燃料研究室主任,全家也随着他搬
迁到北平。随着日本侵华战争的逼近,地质调查所开始迁往南京,
所长翁文灏命令金开英主持新所的建设。从此开始了他离家漂泊的
命运。

大战将近,国家无油,翁文灏计划加快能源建设,尤其是以煤
炼油的工业,这正是金开英负责研究的项目,因而新所建好未等他
搬家,便接连两次派他到欧洲考察。等他回国在上海登陆时,中日

淞沪之战已经如火如荼地打起来，他无论如何也回不了北平的家了。他顶着炮火赶到南京，立即接受了地质调查所南迁的任务，带着地调所的人员、设备，从徐州、郑州绕到武汉，又从武汉迁到衡山。没等他开始重建实验室的计划，已经出任经济部部长的翁文灏为解决战时油荒，决定开办用桐油、菜籽油提炼汽油的企业，这又是金开英研究的课题，便又要他出任植物油提炼轻油厂厂长。这样他来到了重庆办厂。

1941 年，金开英受命于艰难之时，不计名利，不慕荣华，离开已经建成的植物油提炼轻油厂，从重庆到玉门油矿出任炼油厂厂长。他带领员工克服了难以想象的困难，在戈壁滩上建起了中国第一座工业化的炼油厂。半个世纪后，他被海峡两岸的石油人称作"中国炼油第一人"。而此时，他的妻儿老母正在万里之遥的北平，日寇的铁蹄下煎熬。他孑身一人住在一间被称作"圆门宿舍"的小屋里，遥寄东方，将思念化作戈壁的黄沙、祁连的白雪。

1943 年，他的长女蔚斯 17 岁高中毕业后，实在忍受不了对父亲的想念，冲破日军的封锁线，万里寻父来到老君庙，金开英已不认得他的爱女。他要尽父亲的

金开英。

责任，送女儿到重庆读书，因工资微薄，竟无钱凑足路费、学费，只好卖掉他的英文打字机。

我们还是回到照片上的时间吧。抗战胜利了，金开英最兴奋的是终于可以回北平与家人相聚，但很快得到要他赴台湾接收日产石油企业的任命。他一生都在为公事奔忙，接收日产这是全国民众所期盼的事业，当然比家事重要。他是 1945 年 11 月到台湾，直至 1947 年 4 月所接收的高雄炼厂、苗栗矿场复工，才回北平与家人团聚。算来辞家已整整十年。

（照片台湾中油公司提供）

【链接】

资 料

金开英，"中国炼油第一人"，1902年生于浙江南浔，清华大学毕业后两赴美国攻读化学工程。1931年回国受聘地质调查所燃料研究室主任，领导研究寻找代用燃料油，取得了很大的成就。抗战初期，他主持植物油提炼轻油厂，为巩固建设大后方做出了贡献。1940年，出任玉门油矿炼油厂厂长，他励精图治，在大西北极为艰苦的条件下创造性地将玉门炼厂建设成我国第一座现代化的炼油厂，有力地支援了抗战。

抗战胜利后，金开英被任命为中国石油总公司协理，为我国炼油工业的重建殚精竭虑。台湾高雄炼厂是东亚最大的炼厂，战后一片废墟，在金开英的领导下，仅两年便恢复生产。截至1949年，原日军占领区几座有规模的炼厂均获得了发展。

1949年两岸隔绝后，金开英留在台湾担任台湾中油公司总经理，他不仅是中国石油工业的奠基人，而且是台湾石油工业的开创者和领导者，是台湾20世纪60、70年代经济起飞的功勋人物，在台湾有着崇高的声誉和人格魅力。他崇尚科学救国，淡薄名禄，远离政治，一生没有加入任何党派，虽名满宝岛却仅以石油公司总经理的位置退下。

1998年8月下旬，玉门油田举办"庆祝玉门油矿开发六十周年"庆典，台湾及旅居海外的玉门老油人和祖国大陆的老油人携手重回故里，度过了他们耄耋之年最激动美好的时光。遗憾的是96岁的金开英先生因为年事已高没有来，但他嘱托台湾赴玉门的老部下代他看看老君庙的山山水水，向祖国大陆的老油人祝贺、慰问。大会期间，他遥望祖国大陆的西北方，激动得无法平静下来，以致引发脑血栓，一病不起，不久驾鹤西去。

石油河畔的婚礼

　　玉门开采出石油的消息越洋传到了英伦三岛，震动了伦敦大学皇家学院一位刚获得博士学位的中国留学生的心。他叫翁文波，国民政府经济部部长翁文灏的堂弟，新中国科学院院士，我国地球物理学的开创者。那年他年 27 岁，留学期间研制了当时堪称尖端科技的"重力探测仪",这种仪器正是石油勘测最新式的武器。祖国抗战的号角召唤着他,异国丰厚的工资,舒适的生活再也挽留不住他沸腾的心,毅然踏上了东归的旅途。

由于第二次世界大战的炮火已在欧洲蔓延,旅途异常艰难,莫测的海上航行更不允许他携带赘臃的行李,离开英国时,他的身边只有随身的衣物和那架"重力仪"。随着旅程的辗转波折,每到一地他便扔掉一些物品。中国港口因为日军的封锁,轮船只能停靠越南的西贡港。翁文波下船后,见西贡混乱的样子,索性扔掉了近乎无物的皮箱,只抱着"重力仪"向祖国跋涉。当翁文波衣衫褴褛地踏上祖国土地时,俯身抓起一把土失声痛哭。

翁文波归国后,先到重庆中央大学任教,三个月后,带着"重力仪"到了四川油气田。1939 年 12 月 20 日,翁文波作为中国人首次用电法测石油探井成功,为此,数十年后,他被石油人称作"中国测井之父"。1940 年 5 月,他又利用假期带着仪器到玉门油矿做物理探矿。

1941 年夏,翁文波再也按捺不住献身大西北石油工业的冲动,正式进入玉门油矿工作。临行前,他给远在上海的未婚妻冯秀娥写了一封充满柔情与刚傲的信,他说:"国家正需要石油,我怎能永远待在远离石油的地方呢?……我先走一步了。"

冯秀娥是一位极文静秀美的天津大家小姐,当时正在上海震旦大学读书,收到翁文波欲赴西北的信时,翁文波已到了玉门。信未读完,冯秀娥已是泪流满面。她认定心爱的人西出阳关的选择是件伟大的事业,决心退学,追随文波而去。

冯秀娥是个连手帕都不会洗的女孩子,可她作出的决定连她的母亲都阻拦不了。她先回天津向家人辞别，然后设法离开日寇占领区，绕道香港，度万里关山，来到祁连山下的戈壁滩与翁文波完婚。她万里寻夫的故事感动了不知多少大后方的痴情少女。

翁心树。

　　他们的婚礼充满了浪漫情怀。这是一场现代青年无法效仿，更无法理解的喜典，因为这仅是一顿石油河畔的野餐。那天，翁文波的好友属下相约自带食品来到石油河畔，围着新郎新娘席地而坐。婚礼在一声"罗汉请观音"的吆喝中开始了，翁文波和冯秀娥向大家献上自调的鸡尾酒，然后相互礼让，开怀痛饮。蓝天白云，大漠戈壁，真可谓天地作合的千古绝唱。世界上所有的爱情故事在这里都不再生动，世界上所有的豪言壮语在这里都变成平淡。翁文波扣动相机记下了这历史的一幕。没有他的身影，但他的声音留在了画面："请吃者抬头。"依然有一半人照吃不误。

　　后来，他们有了儿子翁心儒。心儒长到三岁，冯秀娥带他到嘉峪关玩。心儒看到树，惊奇地问："妈妈，这里的花怎么这么高？"老君庙矿区没有树，孩子长大后只看到过自家屋里栽种的野花，此刻，他将树当作了花。冯秀娥心酸地流下了泪。为了让孩子心中永远拥有树，翁文波将心儒的名字改为心树。

[十年后照片上的这些人：（左起）台湾中油公司副总经理杨玉璠、玉门石油管理局副局长蒋　湘、克拉玛依油田总工程师吴士璧、大庆会战八大工程师之一史久光、石油部勘探司总工程师姜辅志、台湾中油公司副总经理董蔚翘、台湾中油公司副总经理吴德楣、冯秀娥、中科院院士童宪章]

（照片翁文波之子翁心树提供）

"我愿随先生去玉门！"

　　这张照片摄于玉门油矿地质室门前，上面都是在中国石油史上如雷贯耳的人物，翁文波（左一），中国地球物理学的创立者；童宪章（左二），新中国科学院院士，他创造的"童氏定理"，成为油

田储量估产的经典法则；张锡龄（左三），台湾中油公司总地质师；陈贲（左四），新中国第一任石油总地质师、陆相生油理论的创立者之一，但在当时，除了地质室副主任翁文波，那三位还都是默默无闻的秀才。在他们身后的墙上贴着基督教的标语，看得出随着油矿的开发，各种思想也涌了进来，陈贲便是中共潜伏在玉门油矿的地下党员。

故事的主人公是站在最高处的童宪章。

看他清秀文弱的样子一定想是哪家的公子落难跑到玉门受苦来啦？不错，他的父亲童翼民国初年便已是军界名人，保定军校教官，追随蔡锷护国讨袁的将领，在重庆时任国防部均衡司司长。虽然出身名门，但他绝没有官僚富家子弟骄奢淫逸的习气。

1936年，童宪章考入南京中央大学物理系，因为志怀高远且为人谦诚，被全校学子推举为学生自治会主席。随着抗日战争的全面爆发，中央大学迁往重庆。

1941年毕业临近，虽然以童宪章的家庭背景完全可以在重庆找到舒适的工作，但他决意离开重庆，到抗战最需要的地方去。此时，童宪章的家庭突发不幸。因为妻子徐宜家从小和他一起长大，感情甚笃，为表示自己对爱情的忠贞，考上大学后便与徐宜家举行了婚礼。到毕业前夕，俩人已经有了两个可爱的女儿。孰料，徐宜家感染伤寒，由于战乱医疗条件太差不幸过世。童宪章悲伤过度也染伤寒，濒死被抬到太平间竟奇迹般活下来。患病期间两个幼女由朋友帮忙托付给两个无后的家庭照管，待童宪章病愈，这两家由于日寇的重庆大轰炸已搬离它处。童宪章恳求为战事繁忙的父亲抽空出面帮助寻找，结果一家搬到香港断了联系，一家告知孩子出车祸

1946年童宪章在美国加州洛杉矶产油区做泥浆性能测量。

去世。家破人亡令童宪章悲痛得几欲绝望，将满腔的仇恨都投向日寇。

恰逢他的老师翁文波要赴玉门油矿工作。临行前，翁文波需要一位助手，问他的学生："哪一位愿随我去玉门?"

童宪章问："先生是翁部长的弟弟，留洋的博士，为什么要到玉门那个艰苦的地方去?"

翁文波回答："玉门是国家的希望，为了抗战的胜利，为了国家的兴盛，所以我要到玉门去。"

正在寻找抗战报国之门的童宪章听罢，说"我愿随先生去!"随即义无反顾地追随翁文波踏上了玉门之路。四十年后，师生携手都成为中科院院士。

　　童宪章曾为油矿合唱团写了一首团歌，表达了他投身战时石油工业的豪迈之情：

　　天涯萍水喜相逢，大漠风云涌，高山流水曲同工，阳春白雪溶。正好有驼铃唱晚，雁阵掠长空……

（照片童宪章提供）

【链接】

童宪章的照片

笔者首次获得童宪章的照片是在 1993 年春天，为写作反映抗战时期开发玉门油矿的报告文学采访他时，他送给笔者三张老照片，其中包括这张地质室门前的合影和翁文波在石油河畔的婚礼合影。2014 年，因拍摄《玉门老油人纪事》专题片采访童宪章的女儿童华育，童华育拿出了父亲拍摄珍藏的所有老照片展示给摄制组。这是个研究民国石油史的宝库，笔者在整理这批照片的过程中，常常因在某个照片的影像中发现新的史实而激动得热血偾张。照片的珍贵之处还在于每张的背后都有笔写的说明，不能不慨叹童老做事情的严谨认真。给照片做说明是一种习惯，毫无留史之心，却无意中成为印证历史的连城之璧。

童宪章是个摄影迷，相机在那个年代绝对是奢侈品，但他是将门之后，应该有这个实力摆弄相机。玉门老油人在采访中被问到老照片是谁拍摄的时，都会告之：油矿开办之初是卢克君，1941 年童宪章到老君庙后，留下的照片大部是他拍摄的了。就笔者了解，油矿几次井喷的现场照片就是童宪章的杰作，他是地质室的，也有义务做这件事情。

五千里路云和月

　　照片上的三位都是油矿机修厂的工程师，虽是同事间的普通合
影，但给我们留下了背后玉门油矿机修厂车间的影像，是很宝贵
的。我们要说的是中间那位高高大大的汉子，他叫杨玉璠，抗战胜

利后到台湾参加接收日产工作，后来做到台湾中油公司副总经理的位置。

七七事变后，杨玉瑶随北平大学工学院流亡陕西汉中，入西北工学院继续学业。1940 年夏天毕业后，学校介绍他到贵阳汽车修理厂工作。从汉中起程到重庆转车，可由于日军飞机的轰炸，一个多星期也找不到去贵阳的汽车。遇困之时竟巧遇已在玉门油矿做事的同班同学刘敏才。刘敏才劝他不要去贵阳，到玉门加入石油工业。杨玉瑶对玉门油矿向往已久，认为这是战时重要而伟大的事业，当即就接受了同窗的建议。

1940 年 7 月，杨玉瑶押解四辆卡车物资从重庆出发上任。俄制破旧的"羊毛车"日日抛锚，加之道路简陋，每日行驶平均不足 20 公里。

当年从重庆到老君庙 2500 公里的路程分为渝广、广兰、兰肃、矿厂四个区段，渝广（重庆至广元）段是最难行的区段，大小河川遍布，却难见一座桥梁，渡河只能靠船摆。全凭人力撑渡的木船，体积小得仅容一辆卡车，每逢过河，惊险万状。卡车上船前，先将两条宽尺许的跳板搭在船头，然后司机像演杂技一般开着车沿跳板上船，这时，船便像荡板一样晃动，稍有不慎，车就会滑落河中。到对岸下船时，同样险象环生。卡车到岸后，必须立即加大油门冲坡，如若遇到雨天路滑，冲坡不上，卡车便会倒滑跌入河中。为此，每逢雨天水涨流急的时候，卡车只好凭岸等候。

广兰（广元至兰州）段是最危险的一段，此段所经秦岭山高路险，令人胆寒。一天，杨玉瑶押车离开天水不久，爬上一座山，随后是十余公里的下坡，卡车不用加油便行驶如飞。如癫如狂的车速

来自八个省份的年轻学子汇聚老君庙。

顿令杨玉璠产生恐惧感。他敲击驾驶室顶篷，希望司机减速，谁知司机只是转头向他得意地笑，丝毫不理会他的警告。杨玉璠深知俄制车的性能极差，一旦刹车系统失灵，就会车毁人亡。他见减速无望，大祸临头的预感驱使他在车顶上向靠山壁的一侧移动，这样倘若卡车冲下深谷，也可跳车求生。就在杨玉璠心惊胆战地做最坏的准备时，突然"嘭"的一声巨响，车头转向左方，直奔山谷而去。早有准备的杨玉璠立刻跳车，随后两眼冒金星，昏迷过去。待到醒来，发现自己躺在路边上，卡车已四轮朝天翻下山谷。最惨痛的是严爽的侄儿携妻子赴老君庙工作，妻子身怀六甲，无法跳车，被卡车压住腰部，几个活着的人无力搬动卡车，荒山野岭之中又无处找人求救，竟在众目之下呻吟而死。

汽车行到河西走廊上的兰肃（兰州至酒泉）段，因为戈壁上再无河流山川的阻绝，速度明显快起来，但在杨玉璠的眼中这是最为煎熬的路程，面对越走越荒凉，越走越寂静的戈壁滩，禁不住产生出远离尘世的感觉。在这失去了生命色彩的灰蒙蒙的世界中，同车的人不愿讲话，不愿交流，更不愿谈到家庭，甚至不愿再睁开眼睛看车外那永远是一个色调的景致。西出阳关的艰难与痛苦，到这时才真正显现出来。之前的路程只是艰险，而河西走廊上的荒凉与寂寞给人的压抑，却能摧毁人的意志。由于是隆冬季节到达塞外的，杨玉璠不但经受了精神的考验，而且经受了一次肉体的炼狱。凛冽的寒风卷着漫天的飞雪，像针似的戳刺着西行客；随狂风冲天而起的戈壁黄沙，吹打着脸面，更让人感到地狱的恐怖。人蜷在车上，

卡车在戈壁公路上抛锚。（童宪章摄）

不敢睁眼，像耶稣受难一样，一秒一秒地揣度着大自然的行刑。

　　杨玉璠到达老君庙已是 11 月中旬，那一天漫天雪花，寒风砭骨，成为他永世不能忘却的日子。此次押车赴任，共用了四个月的时间才走完 2500 公里的全程，真可谓五千里路云和月，每当回忆这段经历，便令他生发出为国赴难壮怀激烈的感触。

（文前照片中，左一于怀霈，左三戈本捷）

（照片原台湾中油公司副总经理杨玉璠提供）

【链接】

关于杨玉璠的照片

　　笔者因为撰写和研究玉门油矿历史的原因，自 1993 年便与杨玉璠先生有了书信的联系，杨先生还给笔者寄赠了他记述石油生涯的《油人云烟》。2011 年 10 月，笔者在大陆发表杨先生的特写《拓荒者的足迹》样刊转送杨先生时，向先生提出：《油人云烟》是宝贵的中国石油史资料，书中的插图照片更是珍贵的历史记录，先生若能奖掖后学将这些插图照片翻拍赠我，将是对我石油史学研究的莫大支持。谁知万事难料，杨先生竟于此前仙逝，享年 96 岁。杨先生的家属有先生的仁慈之心，知笔者所意后，请他人通过电脑信箱将照片传递与笔者。由此，方有了本书中杨先生提供的照片。

携家赴油矿的部长之子

　　抗日战争中的一个风雪交加的冬日，大西北戈壁荒原上的玉门油矿来了位年轻的留美工程师，还带着夫人和两个可爱的女儿。当他的一家走进简陋的宿舍时，矿上闻风赶来看热闹的人已好奇地趴上了窗户。谁也不会想到，这位举家迁到塞外戈壁的留美工程师是国民政府经济部部长翁文灏的长子翁心源。

整个矿区轰动了。

更令人轰动的是，这位眉清目秀的工程师将娇妻爱女刚刚安置下来，便顶着塞外寒风到矿区勘察地形，设计输油管道了。

怎能不轰动呢？依照习惯的常识，国民政府部长的儿子，又是留美的学子，可以在重庆找到最好的工作，过上最舒适的生活，怎么会跑到大西北戈壁荒滩上受苦？他们不知道，翁心源本是搞铁路的，日寇占领大半个中国后，他便因无铁路可修而苦痛，是翁文灏指教他中国缺少石油，要他振作起来改行搞石油工业。此时，偌大的中国还不知输油管道为何状，老君庙几个出油井的油是先沿人工挖成的土沟流入土油池，再由汽车和骆驼运到炼油厂去提炼。根据翁文灏的建议，1942年初翁心源被选派留美攻读输油工程，亲手在中国的大地上铺设第一条输油管道便成为他在大西洋彼岸立下的庄重誓言。为此，他一边考察美国输油工业，一边作甘肃大油管从玉门到兰州长

翁心源在美国考察石油输油管道工程。

距离的设计研究。1943 年完成了《油管工程》的论文，开辟了我国输油工程理论的研究之路。

　　建设玉门油矿是翁氏父子共同的理想，翁心源不能不到石油河畔去践行誓言。

　　1944 年 12 月，翁心源完成学业回国。急于到石油河畔践行自己誓言的心愿使他见到父母后，就与妻子李素英做赴玉门的准备。他带全家到照相馆拍摄了我们见到的这张全家福送给父母，表达了此次西北壮行的决心。数日后便携妻子和 7 岁的长女维玲、4 岁的

　　翁心源携妻女赴玉门正值隆冬，搭乘货运车驶在河西走廊，因积雪太厚，车常陷雪坑中而动弹不得。这时，搭车的就要全体下车，前拉后推，帮助司机解除困境。当然妇女儿童是无须下车的，如李素英和女儿维玲、维珑。（原石油部总地质师陈贲之妻黄佩文提供）

次女维珑踏上了大西北的旅程。

略微懂事的维玲对路途的艰难已经淡忘了，但油矿艰苦的生活她还记忆犹新。他家住的职工宿舍有一个好听的名字叫"八卦房"，是给高级职员配备的，其实就是土质干打垒的房子，到处透风，加上半夜常听到狼叫，吓得不能入睡。夜间父亲经常在工地加班，母亲便将她放在脚下，将维珑放在身边，娘儿仨挤成一团取暖壮胆。

翁心源到矿的第二天早上便将家丢给妻子，与助手一起顶着风雪到现场开始了测量设计工作。戈壁的风雪被他的热情融化了，他与工人一道冒严寒施工的景象，半个世纪后还令石油老人们在回忆中感动不已。

1945 年 9 月，在翁心源的主持下，玉门油矿建成一条全长 4.5 公里从八井区输油总站到四台炼油厂的输油管线。这是中国石油工业的第一条输油管线，为此，翁心源被称作"中国输油第一人"。

（照片中国输油工程开拓者翁心源之女翁维珑提供）

从延安到老君庙的地质师

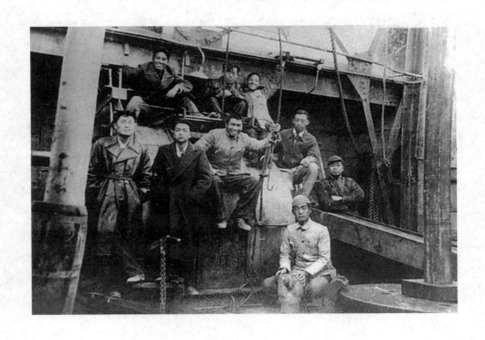

　　这幅从缅甸抢运回的美国 30 型钻机井架上合影的照片摄于 1943 年，井架上这些青春勃发的小伙子都来自抗战时期流亡的名牌大学，他们在石油河畔创造了一个历史，也开辟了中国石油的未来。

看看十年后他们是什么人物吧：蒋隣湘（前坐），玉门石油局副局长；杨玉璠（中左一），台湾中油公司副总经理；吴德楣（中左二），台湾中油公司副总经理；陈贲（中左三），新中国第一任总地质师；史久光（中左四）：大庆石油会战八大工程师之一；吴士璧（中左五），克拉玛依油田总工程师；靳叔彦（后左一），台湾中油公司副总经理；姜辅志（后左二），石油部勘探司总工程师；童宪章（后左三）：中科院院士。这些玉门油矿开发之初钻采工程的中坚有着共同的报国之志，但走向石油河的经历却各有故事。

我们要讲的是坐在中间那个壮实的陈贲，若不是与这帮学子们在一起，凭他的穿着一定以为是个钻工，其实是个成就和人品都了不起的地质师。他的性格火暴，为人仗义、疾恶如仇，老君庙的油人给他起了一个外号叫"奔子"，直到半个世纪后才知道喊他"奔子"时，他已经是中共地下党员了。

他本是清华大学地质系的书生，1935年参加反日抗战的一二·九学生运动，成为共产党的外围组织"中华民族解放先锋队"的成员。随着北平的沦陷，他随学校南下流亡，到长沙后不甘心就这样退到后方，与同学千里迢迢跑到山西参加了八路军炮兵团，又随着炮团到了延安。做军人还是忘不了地质学，这样书生与军人就不能不发生矛盾。陈贲只好忍痛告别延安再次踏上南下流亡路，千辛万苦地走到昆明继续学业。

1939年，陈贲从西南联大毕业，进入中央地质调查所，做了翁文灏的门生，为抗日到玉门找油也就成了他必然的选择。他在油矿地质室做地质师对玉门油矿的贡献自不消说，要告诉读者的是他心中积郁的延安情结是如何消释的。

陈贲（左三）留美归来与妻子黄佩文（左六）在上海家中与玉门老友合影。左一为卢克君，左二为董蔚翘。（原石油部总地质师陈贲之妻黄佩文提供）

　　他参加八路军是因为对共产主义有了憧憬，因此被迫离开延安的经历一直像块巨石压迫着他，再次寻找党也就成为他生命的一部分。他到老君庙不久，矿场杂品库来了一位叫刁德顺的管理员，领料时闲聊，此公竟是清华的学友，再深聊，竟也是"民先队"成员。经过双方的试探，方知此公1936年便加入了中国共产党，1938年在延安抗大毕业后，随中共甘肃省工委书记孙友民到甘肃，先潜伏在酒泉气象台，后进入油矿。

　　就在同一时间，一位叫王道一的年轻人由于在自发编印的《矿声》小报上常写些思想激进的文章，也引起了陈贲的注意。实际上王道一也注意上了这两个清华毕业的人。双方小心翼翼地试探着对方的政治倾向，终于有一天瓜熟蒂落都敞开了心怀。老君庙一号井出油的消息引起了中共长江局的极大关注，指示川东特委选派人员进入矿区，王道一原是中共川东特委三峡实验区特区工区区委宣传部部长，公开的身份是资源委员会矿室技术员，自然成为最佳的人选。他到矿后在老君庙旁的炼油房值班炼油，因此也成为我国炼油事业的先驱者之一。

1941年4月，刁德顺、王道一在杂品库刁德顺的宿舍内，为陈贲举行了入党仪式，随后成立了中共老君庙油矿党支部，刁德顺任书记。

陈贲（中）与清华同学、曾任石油部部长的康世恩（左）在西北考察。（黄佩文提供）

中共玉门油矿地下党支部代理书记王道一。

叫他们着急的是无论甘肃省委还是重庆，都没有来接关系。1942年夏，党支部决定乘陈贲出差兰州之机，冒险到兰州八路军办事处接党的关系。到兰州后，陈贲找到东梢门八路军办事处，经交涉，见到一位穿灰色衣服的老者。据推测，这位老者很可能是当时任办事处负责人的谢觉哉。陈贲向老者详细汇报了玉门油矿地下党支部的情况，请求办事处帮助接通与甘肃工委的组织关系。老者听完汇报后，表示不接受"红色联系"，请陈贲回去。这明显是为提高警惕，陈贲实则已完成了任务。

两个月后，中共甘肃工委书记孙友民派省委组织部部长赵振雄来到了老君庙。在听取刁德顺的汇报后，代表中共甘肃省工委批准中共老君庙油矿党支部的成立，正式任命刁德顺为书记。

陈贲终于实现了他在延安的愿望。

（照片原台湾中油公司副总经理杨玉璠提供）

西去阳关为抗战

　　满载货物的卡车上坐满了搭车人，历史已久，我们已无法知道
这些面带笑容的搭客是去做什么，不妨揣测是玉门油矿的职员假日
到酒泉和嘉峪关购物散心，因为这已成油矿的"民俗"，荒凉的老

君庙最令人感兴趣的休憩。抑或就是因公从兰州搭车回老君庙。不过，本书要讲的主人公则是坐在卡车车头戴皮帽身穿皮袄的人，叫卢克君，是我国石油钻采工程的拓荒者。玉门油矿开发之初成立了两个钻井队，他是其中一支井队的主管工程师，十年后，海峡两岸许多油田的老总都曾是他的部下，仅此一点便知他在石油史上的地位。

卢克君1909年出生在一个旧式官吏的家庭，1928年考入东北大学工学院采冶工程系。九一八事变后，学校被迫分散迁到北平、西安等地。他回到北平家中，为完成学业寄读于清华大学和天津北洋大学。1932年毕业后，先后到河北开滦和安徽淮南煤矿工作。

七七事变爆发，卢克君愤慨日军的侵华恶行，于7月9日离开淮南，回到北平参加抗日工作。北平失陷，接受了同乡中共地下党员张珍（曾任第五机械工业部部长）的建议，到冀中根据地参加抗日。他到冀中后利用他的社会关系为根据地采购物资，做了不少的贡献。1938年4月潜回北平，以北平高等职业学校教员为掩护，收集情报和动员积极分子到冀中抗日根据地参加抗战工作。在他的引导下投奔根据地的许多青年后来成长为中共党的领导干部。

1938年底，卢克君在组织人员赴冀中抗日根据地时，被日军特务机关逮捕，虽受尽酷刑，但严守秘密，始终没有吐露自己的真实身份，一个月后被祖父托人花钱保释出狱。岂料半年后，日军再次将他和弟弟抓捕入狱，祖父只好再次找关系送钱保释。他被限制自由，每周都需到警察局报到。

中共地下组织与卢克君切断了一切联系。在这种危险的境遇下，整个家庭都处在惶惶不可终日的气氛中，逃出北平成为他唯一的选择。1940 年春，在祖父的帮助下，他带全家冒险出城，然后一路向西，有车搭车，无车步行，闯过日寇的封锁线，渡黄河，出潼关，走秦川，万险千难抵达西北后方西安。这种死里逃生的经历令他陡增对日寇的仇恨。

卢克君到达西安时，东北大学工学院已经与西迁的几所大学在汉中固城联合成立了西北工学院。他给大学的老师写信，请求介绍工作。不久，老师回信介绍他到玉门油矿。此时玉门油矿刚刚步入开发，东大矿冶系校友董蔚翘已经投入油矿的钻探工作，他是油矿唯一一位钻采工程师，因而油矿急需钻井工程技术人员。学矿产采冶的卢克君懂得在"一滴汽油一滴血"的形势下汽油对国家的重要，

1944 年春，老君庙栽下的第一批树苗发芽了。卢克君与办公厅前的发芽小树合影留念。荒漠中，绿色的小树已是老君庙矿区最好的景色了。背景建筑是油矿干打垒的办公厅，1945 年新的办公厅房子盖好后，这里成了矿区医院。（单喆颖摄）

能够投身石油工业是支援抗战的光荣行动。

7月，卢克君独自一人搭乘油矿西安办事处的苏制"羊毛车"，踏上了西去玉门之路。

行驶在大漠戈壁上，中午气温可达40℃，热风扑面，令人难以喘息，日影西斜，又会乌云突布，风卷雪花袭人。卢克君在路上听到一首流传在西北的《七笔勾》的诗，据说是一位来肃州赴任的官员写给家人的。第一笔写道："万里遨游，百二秦关天尽头。山秃穷而陡，水恶风似吼；四月柳条抽，百花无锦绣；一阵狂风起，不辨昏和昼，因此把万紫千红一笔勾。"这首诗他在耄耋之年仍记得清楚无比，可见西北环境恶劣的景象已经深入到他的灵魂。

他永远记住8月13日这一天，终于来到了玉门老君庙矿场。刚刚起步的油矿还是一片荒凉，但所散发的石油工业气息已经令他激动不已。他逃离北平时，曾深深为离开抗战前线而痛苦，甚至有逃避斗争的自责心理，现在站在戈壁荒原上可以自豪地说，他在用所学为抗战工作。

（照片中国科学院院士李德生提供）

穿光板老羊皮袄的帅哥们

　　这幅照片 30 年前在玉门油田面世时，是唯一一张作为老君庙早期石油工人的形象展示的，但实际上他们是抗战时期西北联大结伴投身玉门油矿的学生，十年后都成为海峡两岸石油工业大名鼎鼎

的人物。前排右起江齐恩、靳叔彦抗战胜利后到台湾参加日产的接收工作，做到中油公司副总经理的位置。后排右起第一位的蒋麟湘是新中国成立初期玉门油田的副局长，而另一位就更不简单了，他叫史久光，那位受顾维钧委托寻找石油湖的试探队队长、外交家史悠明便是他的父亲。这位史公子面对敌寇入侵国破家亡的命运，像大多数知识青年一样选择了身体力行的报国图强之路。那个时代能够在流亡中进入大学深造，除了富家子弟很难有这个能力，流传玉门油矿多俊男就不奇怪了。多读书就多了一份社会的责任，在这些学子心中是天经地义的。不过从照片上看这四位帅哥应是刚到矿工作，少年意气中少了些风雪沧桑。

1941年春，在抗战的炮火中组建的陕西城固西北工学院矿冶系主任任殿元，面对即将毕业的同学说，石油是抗战急需的物资，玉门老君庙开采出了石油，虽然艰苦，但大有作为。你们上年级的姜辅志、吴士璧、吴德楣已到那里工作，很有成绩，希望你们报名参加。遂即史久光、蒋麟湘、靳叔彦响应师长的号召报名前往。他们坐上破旧的"羊毛车"颠簸到汉中褒城时，遇到要搭车去老君庙油矿的童宪章。一路同行的这四位青年学子与一年前到矿的姜辅志、吴士璧、吴德楣不仅成为我国石油勘探事业的先行者和中坚力量，而且一生为友，即使曾经的海峡相隔，都没有改变他们的友谊。

合影的所在地是油矿最早为单身员工建造的"圆门宿舍"，位置在石油河畔半山腰的一块平台上。宿舍依山而建，分上台和下台。照片中的木梯就是上下台间的楼梯。

史久光们穿着老羊皮袄的那份得意神情，透出了加入石油工业的喜悦。皮袄是油矿配发的工作服，这恐怕就是他们合影留念的初衷。

在油矿无论职员还是工人，都把光板老羊皮袄当做"法宝"。为什么呢？在冬天零下二十多摄氏度的奇寒下保暖是不消说的，耐脏是老油人最称道的优点。进入矿区，无论是钻井还是炼油，到处都是原油的油污，想躲都躲不掉，再干净的衣服，一天就油污满身，令有洁癖的人在苦不堪言中几天便强制性地改变了习惯。穿上老羊皮袄，肮脏就可挡在身外，任你随手擦抹，随处歇坐，毫无顾忌。若是值夜班好处更多，披上可以御寒，铺上可以成褥，盖上可以做被，卷上可以当枕，你看这不是"法宝"么？

"法宝"也有降服它的"神物"，就是虱子。皮袄里子密密长长的羊毛极爱生虱子，时间一久简直就成了虱子窝，捉虱子便又成了老君庙的一景，只要是大晴天，无论长官还是工人，都会到太阳底下脱下皮袄抓虱子。可羊皮的毛太厚太密，加上员工无处洗澡，对这小东西根本没有消灭的办法。

油矿总经理孙越崎给机修厂厂长单喆颖下了个死命令，想一切办法建个有淋浴的浴室，除了供洗澡还要消灭虱子。在物资匮乏的老君庙，机厂被称作"万能机厂"，单喆颖接到老长官的命令后，很快设计制造了一台简易锅炉，然后用废旧水管装了个淋浴器。浴室修建好后，又在浴室后面修了个夹层，内通蒸汽管道，再安装一套通往夹层的循环移动的钢丝绳。来洗浴的员工将衣物捆成卷交给管理员，夹挂在移动的钢丝上送进夹层用高温蒸汽蒸，经十几分钟热蒸后，自动掉落在夹层外的木板上。员工洗完澡，领出衣物，里面已无任何生存活物。穿上带有余温的衣服既舒服又愉快。

老羊皮袄又成了名副其实的"法宝"。

再回头看看这幅照片，江齐恩、史久光的皮袄从露出的羊毛看是新的，但光板袄身已经挂满了油污，显示他们已到矿场上班了。

近八十年前的这些帅哥不是很可爱吗？

（照片中国石油钻井工程先驱者史久光提供）

石油河的召唤

　　照片上的主人公叫韩业镕，是个真正的玉门石油人，喝了37年石油河的河水，直到花甲才回到中原故土。20世纪50年代为开

拓玉门油田的储量，率队奔赴千里大战新疆火焰山的壮举，至今令人奋然。他的石油河情结始于抗战最艰难的 1941 年。

1937 年七七事变爆发，韩业镕与南开中学的同学李达海分别收到南开大学化工系与化学系的录取通知书，接着便是随同学校的流亡之路。1938 年流亡到昆明，南开与其他流亡名校组成西南联大，他们才继续学业。国恨家仇一直在他们的心中燃烧。

1941 年毕业，此时国民政府为建设大后方抗战基地，发出了"开发大西北"的号召。韩业镕由于与李达海始终有着一致的思想，两人决定参加西北的建设。此时，玉门油矿出油的消息已经传遍全国，他极想投身石油工业，但苦于油矿太过遥远，没有任何关系可以接洽，恰有先赴西北到雍兴公司兰州制药厂的学长邀请他们赴兰工作，于是便与李达海和同学贾席琛相伴应聘。

从西南到西北，三千余公里的路程，交通极为艰难。他们搭乘的是药厂运器材的汽车，坐在高高的材料箱上，在强烈的颠簸中似乎随时都有跌下来的危险。途中总有军人强行搭车，三个血气方刚的书生毫不妥协，纠纷便常成对抗。为此在川陕交界的剑阁韩业镕买了一根粗实的藤棍，以防发生械斗时做武器。李达海笑他说："他们有枪，你这打狗棍有什么用？"

车过西安便一路向西，不仅景色越来越荒凉，而且生活也越来越艰辛。在西安住在城外小店，因人多拥挤，只好睡到地板上，即使如此也无地方卧倒，只好背靠背打坐睡去。但他们为能够毕业从事支援抗战的工作自豪，艰难的旅途也阻挡不住乐观的情绪。这样走了近一个月才到兰州。

韩业镕负责玻璃制造，李达海、贾席琛被分配负责制药。厂房

抗战胜利后，李达海赴台参加接收日产工作，曾任台湾经济部门负责人。1993年到大陆寻亲访友。图为李达海（前右三）与南开同学合影。中右二为韩业镕。

虽已建成，但缺乏设备，只好用土法将就生产。由于厂方经营乏术，前途堪忧，这令抱着一腔热忱来到大西北的三位青年人很是失望。

韩业镕一直关注玉门油矿的建设，那里虽然地处戈壁，较兰州的生活不知艰苦多少倍，但石油河畔"一滴汽油一滴血"，为抗日炼油的壮烈每时每刻都在鼓动着他的心扉。他与两位同窗商议，放弃药厂安适的工作，西出嘉峪关到玉门油矿工作。一天，中学同班、大学同级的校友孙常龄突然来药厂探望他们，原来他是玉门油矿总经理孙越崎的侄子，这次是随孙越崎经兰州到油矿参观的。三人立时感到这是个难得的机会，便请孙常龄带他们拜会孙越崎。孙越崎听到这三位毕业于西南联大的热血青年要到油矿工作的诉求后非常高兴，当即同意了他们的请求。

1942 年 5 月的一个清晨，这三位鬼鬼的书生将一份辞职书悄悄放到药厂经理的办公桌上，溜出后门，到黄河边乘一只羊皮筏子一走了之。

韩业镕与李达海、贾席琛终于来到梦牵魂绕的石油河畔，成为中国炼油工业的拓荒者。

（照片韩业镕之女韩红提供）

【链接】

　　李达海，1919 年生于辽宁营口，1937 年，因成绩优异，由南开中学保送南开大学化学系。七七事变爆发，学校南迁云南，与北大、清华合并成立西南联大。1941 年毕业，放弃留学机会，赴西北兰州到某药厂工作，不久，受石油工业的感召，主动到艰苦的玉门油矿工作。抗战胜利，随金开英赴台湾接收日产石油企业，参与高雄炼厂的重建工作，建树颇多。

　　1949 年，海峡两岸隔绝后，李达海作为台湾搞石化工程最出色的技术人员，参与领导了台湾现代石化工业开拓时期的整个过程，成为发端于 20 世纪 60 年代经济起飞的功臣。先后出任高雄炼厂厂长、台湾中油公司总经理、台湾经济部门负责人等职。他辅佐蒋经国开启海峡两岸新关系，台湾经济部门负责人上任月余便宣布不干预与大陆的间接贸易，使台商投资祖国大陆有了合法的地位，推开了海峡两岸交往的大门。

　　1994 年 11 月 13 日，李达海仙逝，享年 75 岁。

第一位女石油地质勘探队员

　　照片帐篷里的女子叫杨乂，身旁的书生是她的丈夫张家环。她的皮肤原本极白净细腻，这个黝黑的样子完全是戈壁风沙吹打的。那两条粗壮的小辫子散发着倔强的性格，若细品还透着一股五四运动后知识女性争取妇女解放的气息。

136

　　她的确与其他的女孩子不同，出身富商的北京姑娘十几岁便跑到地安门后门桥拜师习武。日本占领了北平，她不愿做亡国奴，听说清华、北大在昆明成立西南联大的消息，向母亲说谎骗了一笔钱，与闺蜜结伴到法国使馆申请代买去越南的船票，计划从越南绕道去昆明，结果让日本兵抓到宪兵队，挨了顿皮鞭后才被父亲花钱保出来。她与全家逃到上海，仍坚持考西南联大。父亲无奈给了她一笔钱，她一个小姑娘便独自一人坐轮船到越南海防港，再由海防到河内，由河内经河口到昆明。终于摆脱了日本鬼子的魔影，激动得她泪盈满面。

　　1940 年 9 月，她以第一名的成绩考取了联大物理系。岂料叛逆的性格使她对在野外工作的地质学产生了强烈的追求欲，一年后又转入地质系。巧遇的是一位有着同样追求的男生从土木建筑系与

1946 年在玉门油矿井场。左起张家环、张传淦、张维亚、杨义、孙泽芹、贾玉书

她同时转入地质系，叫张家环。1945 年春，有两位男生争着陪她到学校附近的一个村庄做毕业论文，可见她的魅力。论文写完后，她选择了更悉心照顾她的张家环。

大西北戈壁上的玉门油矿正处于发展时期，急需地质人才。当时的女性即使学地质也难以选择到荒原中搞实地勘查的工作，而杨乂义无反顾地选择了玉门油矿。令她庆幸的是高大英俊的张家环与她有着共同的理想，他的父亲想叫他出国留学，并为他备了一笔仅够一人留学的款子，但他决意与杨乂共赴玉门，为抗战的祖国寻找石油。1945 年 7 月 21 日，二人在学校举行了简单的婚礼。三天后，多情的张家环用父亲给他留学的钱将杨乂送上飞往重庆的飞机，而他则沿路搭乘顺路车，经一个半月才到达重庆。

在重庆甘肃油矿局报到后，夫妻二人于九月下旬乘卡车出发到

1946 年考察祁连山旱峡生命之泉。左起：张传淦、司徒愈旺、张维亚、杨乂。

1947 年夏考察魔鬼山冰桥（从西哈喇子沟上去）。左起：王尚文、张维亚、杨乂（祁连山顶峰叫魔鬼山）。

玉门油矿。途经成都时接了 15 位女士同行。这些小姐是油矿局总经理孙越崎为解决油矿员工婚姻问题特招的，美其名曰"请花入矿"。由于道路艰难，2500 公里路程走了一个月。因天气寒冷，未备寒衣，到兰州后二人各买了件老羊皮袄。眼看着途经景色越走越荒凉，气候越走越恶劣，但共同的理想和爱情使这对夫妻充满了乐观与自豪。有趣的是油矿局开介绍信的竟将张家环当做女性，写道："有张家环等十七位小姐"，到矿报到时毫无悬念地惹出了一场虚惊与误会。这成了玉门油矿经久不衰的笑话。

杨乂夫妻到矿后，参加了祁连山麓青草湾构造的考察任务。这是杨乂第一次到野外实地考察，实现了她做地质勘探的梦想。让她没有想到的是，当她骑马走向荒原的时候，便创造了一个中国的记录，第一位女石油地质勘探队员诞生了。她将秀发梳成一对粗粗的小辫子，像男队员一样在烈日风沙中勘测，曾经习武的身体使她始终保持充沛的体能，女人的忍耐力令她的精力甚至超过了男队员。夜晚，帐篷的四周常闪动着野狼眼睛的绿光，她没有丝毫的恐惧，还与男队员一起持猎枪打猎。她唯一被照顾的是为她和张家环单独配了一顶帐篷。丈夫能与她白天一起在荒原上奔波，夜晚一起整理资料、讨论问题，让她感到自己是人间最幸福的人。

这幅照片便是在野外考察时拍摄的。杨乂在帐篷里整理考察笔记，张家环似在帮助她回忆考察现场的情况，或者就是在偷觑妻子工作时的风采。

（杨乂1953年被任命为石油大学地质系首任副主任。）

（照片中国石油大学教授张家环提供）

【链接】

杨义失而复得的照片

2013 年底采访张家环时，92 岁的杨义刚患老年痴呆症失去语言能力两个月，张家环戏谑地说她一生说话太多，所以上帝不让她说话了。1957 年"反右"运动前夕，杨义按捺不住写了篇《难忘的 1957 年》，惹下事端，被错划"右派"，停止了科学的步伐。好在张家环是个内向的人，死活无语，保住了一家的团聚。但到"文化大革命"就都过不去了，一个极"右派"，一个反动学术权威，家让造反派反复洗劫了数次，不仅值钱的东西一扫而空，连书籍、信件、手稿全都被抄走，致使今日找不到杨义的任何学术著作。最要命的是，张家环是个摄影迷，从西南联大开始使用相机记录他与杨义的爱情生活和科学历程，厚厚的数本相册全被造反派作为罪证抄去。他以为照片都已灰飞烟灭了。

"文革"结束。一天，石油学院通知，凡"文革"被抄家的职工可到院部认领被抄物品。同在石油学院的玉门老油人于学业的女儿于海静闻讯到抄家物品仓库寻找家中被抄的东西，只见仓库中一地的照片。她在找自家的照片时，无意间发现了张家环、杨义的许多照片，便顺便拾起送到张家。张家环的女儿张敏得知此讯后，来到抄家物品仓库再次仔细寻找，终于使不少珍贵的照片失而复得。有多张流传于世的记录中国石油地质史的照片便来自石油大学"文革"抄家物品仓库。本文所配图片均来源于此。

抗战不胜利不结婚

　　这是段功巧与夫君于学业在钻塔下的结婚照,她跋涉千山万水
到大西北的玉门油矿寻找恋人,却又与恋人相约抗战不胜利绝不结
婚。1945年9月2日,日本在投降书上签字,她终于可以与恋人

牵手践行他们的誓言。把钻塔作为婚照背景，是对他们誓言最好的写照。

日寇的刺刀在蹂躏南京的时候，18岁的段功巧读完师范正在家寻找未来生活的道路。后母担心她在战乱中有什么意外，找了个男人要偷偷将她嫁出去。她可是个既倔强又胆壮的女孩，识破真相后便逃到武汉。正巧国民政府为组织爱国青年参加抗日救亡工作，成立了战时工作干部训练团，正在招生，她毫不犹豫地报了名。武汉失守，战干团退到湖南，她又参加了宋美龄发起组织的妇女指导委员会的训练班，著名中共早期党员刘清扬成为她的指导教师。

她被分配在从郑州搬迁到四川合川的豫丰纱厂工作，相遇才华横溢的于学业，随之坠入爱河。

于学业是从复旦大学农学院毕业后到纱厂农场工作的，他不仅对战时的农业有着实际的见解和作为，而且诗文俱佳。他在北平育英中学读书时参加过"一二·一六"抗日学生运动。为进入迁川的复旦大学继续学业，他绕道香港、越南、昆明到重庆。面对日寇的铁蹄，他作诗云："安能蹀躞垂羽翼，跨骏马，驾长车，投枪射刁虏，挥戈逐胡骑。"

1941年，孙越崎为使处于戈壁孤岛上的玉门油矿职工吃到蔬菜、瓜果、肉食，孩子喝上牛奶，下决心在周边有水源的地方开荒办农场。于学业被聘请到油矿专事农业。虽不是直接从事石油生产，但为油矿职工坚守戈壁服务，仍是支援抗战的光荣岗位，他欣然前往。在农场他以专学将戈壁滩改造成种植、养殖、林园并举的绿洲，令老油人数十年后依然赞不绝口。

　　一直从事着抗日宣传工作的段功巧不能不舍弃一切奔赴大西北去追随于学业。他们相会在石油河畔，又在石油河畔相约抗战不胜利绝不结婚。

　　于学业是个浪漫的理想主义者，油矿分给了他们结婚的房子，他却带着段功巧到嘉峪关附近长城下的一个小村子，租下一间土房当他们的新房。当夜他们相依在"秦时明月汉时关"的景色中，体味着"不教胡马度阴山"的雄浑和"愿做鸳鸯不羡仙"的甜蜜。

参加抗日战干团时的段功巧(右)，年仅18岁。

　　他们没有从嘉峪关就近到酒泉照相馆拍结婚照，而是四日后回到老君庙在钻塔下留下新婚的靓影。这份豪情与浪漫印证了他们不渝的爱情，也记录了那个时代青年人的高尚情怀。

（照片段功巧提供）

长眠在石油河畔的化学家

　　这是玉门油矿建在石油河西岸最早的炼油装置，和我们现在见到的炼油厂比较，简直就是原始部落的陋屋，背景崖壁上的三孔窑洞倒是和它相映搭配，可在抗战最艰苦的岁月里它却炼出了大量的汽油，支援了浴血奋战的前方将士。装置前的合影者便是它的主

人。你可能想象不到，现代中国百万炼油大军就是从这几个人发展起来的。前排左起第六人是炼油厂厂长、"中国炼油第一人"金开英，右边那位是他的朋友与助手谭世藩，河西炼厂就是谭先生主持建造的。

谭先生1895年生于广东，1924年清华大学毕业后留学美国，获得博士学位，曾任广西大学化学系主任，广西建设厅厅长，是我国早期的化学专家。抗战爆发，谭先生携夫人流亡到重庆。他想为抗战做些实际的工作，以他的学术和社会地位是可以在重庆活动个职位的，可他偏偏认定实际的工作就是要真真实实地直接为抗战服务。恰逢玉门油矿大规模开发，急需炼油专家，他便应老同学金开英之邀，不计地位报酬，携夫人从重庆来到祁连戈壁，鼎助金开英筹建炼油厂。

谭先生时年已近五十，在油矿年轻人的眼里是位可敬的长者。他没有子女，他的家便成了年轻技术员每日下班后的乐园。这些年轻人不但要围桌打牌，而且还大吃谭夫人做的美味佳肴。每逢这时，谭先生便像父亲一样笑眯眯地看着年轻人戏闹。

1943年7月2日（许多石油老人都记得这个日子），谭先生得了伤寒，躺下，没有上班，恰巧那天炼厂工作忙，年轻人晚上都没有到先生家去。在谭先生的记忆里，这是第一个没有年轻人的夜晚，他感到说不出的孤独，但第二天年轻人结伙去探望他时，他仍诙谐地说："都怪你们昨晚没来，所以我病了。"

哀痛的是，从兰州到老君庙八百公里的河西走廊上，竟没有一座称得上"现代"二字的医院，在远离都市的玉门油矿患上伤寒，只能依靠自身的抵抗力去与病魔搏斗。谭先生没有战胜伤寒，在年轻人探望后的当夜去世了。他是老君庙故去的第一位高级工程技术人员，全矿陷入了悲痛之中。人们视他为抗日捐躯的英雄，召开了隆重的追悼会，将他安葬在石油河谷的最高处。

谭先生本可以不来大西北做这种实际生产工作的，可他来了，并且在生活和工作最困难的时候也没动摇他建设大西北的志向。他为抗日来，为抗日死，因此成为油矿最值得尊重的人。年轻人在河谷的山坡上修了一条小路，直达谭士藩的坟前，他们要让他每当朝阳从戈壁升起，便能看到他殉职的炼厂；每当夜幕降临，便能步下山岗，到炼厂继续完成他的宏愿。

(照片原台湾中油公司副总经理杨玉璠提供)

左 公 柳

　　照片上蹲着趴看"圆筒"的叫丛范滋，别看没露脸，却是玉门油矿大名鼎鼎的人物，翁文波创建的中国石油第一支地球物理勘探队最重要的战将之一。由于勘探的手段少，物探队当时的全名是

"重力磁力测量队"，那个"圆筒"便是测量队堪称先进武器的"重力仪"。身后是一辆马拉篷车，应是测量队的运输工具。戈壁上能走马车，说明勘测点距公路不远。的确，他们是在玉门县的境内，距路不远的标志是照片背景上的那棵粗壮的"左公柳"。

何谓"左公柳"？

距抗战 60 年前，清代陕甘总督左宗棠为收复被俄国人侵占的新疆失地，率大军沿河西走廊入疆作战。面对荒凉的河西走廊，他下令，凡大军过处必须修路栽柳。于是，自泾州至玉门，连绵千里柳绿成荫，后人始称"左公柳"。

光绪五年，甘肃布政使杨昌浚应左宗棠之邀到新疆旅行，走在河西走廊上，见路两旁绿如帷幄的杨柳，触景生情，作诗云：

大将筹边尚未还，湖湘子弟满天山。

新栽杨柳三千里，引得春风度玉关。

左宗棠为祖国统一，远征天山，不愧为中华一代名将。那么六十年后，为了战胜日本侵略者，沿着左宗棠西征之路来到玉门寻找石油的开拓者呢？

兰新公路基本上是沿左宗棠进疆之路修的，沿途的左公柳不时出现在路的两旁，夏日为荒漠增添一分绿色，寒冬为生命争得一分顽强。玉门油矿的建设者们初履斯土，在破旧的"羊毛车"上沿戈壁简陋的公路颠簸，在满目的灰荒苍凉、萧瑟冷寂中蓦然看到左公柳，总会禁不住引来一片惊叹，神色也随之振奋。正是这艰难行旅中的一叹，在他们耄耋之年对往事的回忆中，常常提及左公柳是鼓

1941年，殷正慈追随丈夫詹绍启为抗战舍弃大城市的生活，到玉门油矿炼厂工作。图为二人在油矿祁连别墅招待所前合影。（刘话难提供）

舞他们为抗战坚守大西北的精神力量。

原台湾中油公司副总经理詹绍启1941年为抗战舍弃大城市的生活，到玉门油矿炼厂工作，他的女友殷正慈曾是武汉大学文学院的教师，因敬佩詹先生的爱国行动，辞去教职与詹先生完婚，随他赴玉门参加石油工业，到油矿改行做了会计。她在晚年回忆初赴玉门时的心境时说："平定回疆的左文襄公宗棠，更是'新栽杨柳三千里，引得春风度玉关'。这些历史名人的豪情壮举，怎能不激起我的满腔斗志？就这样我们所乘的'羊毛车'在大戈壁上一路颠簸着进入了老君庙。"

　　这些玉门油矿的建设者，他们就是大西北戈壁上的左公柳，不愧中华民族的又一代英杰！

　　　　　　　　　　　（照片中国科学院院士李德生提供）

第四篇

艰难的创业

　　谁也不会料到为应对抗日战争建设起来的玉门油矿奠基了中国的石油工业，正因为如此，积贫积弱的祖国在大西北的戈壁上开办工业才彰显艰难。

　　太平洋战争的爆发切断了我国海陆所有的通道，不仅是汽油的断绝，购买国外开发油矿的设备也如梦幻般灰飞烟灭。自力更生，这成了中国石油拓荒者在这片荒凉之地上唯一的抉择。

　　　　（安装井架照片为中国科学院院士童宪章摄）

井喷发现大油层

　　1940年5月，德军攻占法国，法属越南的海防港在日军的压迫下关闭，中国燃料油的来源仅存滇缅公路一条，形势逼迫翁文灏要求刚刚出油的玉门油矿增加产量，尽快达到月产3万加仑的目标。但是向陕北商调的顿钻钻机过于原始，只能打200米的浅井，

油矿要想发展必须有钻深能力更强的钻机，可放眼全国除了四川达县的钻机，根本没有石油钻机可调。情急中油矿筹备处主任严爽向翁文灏申请将湘潭等煤矿的钻机调来代用。后来的实践证明，探煤的钻机用来打油井是不适宜的，但在战时物资极度缺乏的情况下，这只能是唯一的选择。

1941年3月16日，甘肃油矿局成立，孙越崎任总经理，严爽任矿长。

4月21日凌晨，钻井主管董蔚翘正在梦乡，突然被一声巨响惊醒，窗外传来持续的刺耳呼啸声，须臾，使用湘潭钻机钻探的四号井司钻在窗外慌乱地喊："董先生，四井喷油啦！"董蔚翘赶紧穿衣出屋向四井冲去。油气声呼呼作响，将空旷的石油河两岸震得如同世界末日。跑到老君庙前坡下，又是一声仿佛天裂的巨响，瓦

1941年4月21日凌晨3时，四号井钻至439.17米井喷，发现L油层。

斯爆炸，一团烈火冲天而起，耸立在石油河西岸的四井井架瞬间淹没在火焰中，接着轰然倒塌。

此前，中国大地上没有发生过油井井喷，不用说压井经验，连压井的重金石泥浆都没有，而且煤矿使用的钻机根本没有配备防喷器。董蔚翘奔到四井时，严爽已赶到，他是唯一在国外学过钻井的人，但面对惨烈的现场完全束手无策。

四井井喷大火。（中国科学院院士童宪章摄）

钻杆还在井中，原油依然持续不断地喷油，燃烧的油流流向石油河的河床，再顺着河床向下游流淌，犹如一条火蛇在黑夜中游荡。

用砂石压盖井口是唯一的办法，可戈壁河滩除了砾石根本没有泥土，严爽和董蔚翘只好指挥员工收集砂石，再用铁锹抛撒盖压。此法毫无成效，又有人出主意用湿毡毯压盖。员工抱来毡毯，四井主管工程师卢克君带领钻工将毡毯浸湿后冲到井口前抛压，数十条毡毯好像丢入火中的布片，很快就燃烧殆尽，只好接着向井口抛石扬沙。一夜的扑救人困马乏始终无济于事。天亮后董蔚翘提议，四井紧靠河谷崖壁，可用炸药炸塌崖壁压井。严爽认为可行，便一面

157

四号井井喷大火夜景。（童宪章摄）

派人到酒泉搞炸药，一面组织人力在四井旁的崖顶上挖沟。傍晚炸药运来，但由于炮眼太浅又没有压实炸药，点火后一声闷响，落下的土石对井喷杯水车薪无济于事。就在这种毫无成效的抢救中迎来又一个夜晚，凌晨时分油矿的所有人都疲惫得要垮下时，火焰突然渐渐减弱，十几分钟后火息，原油也不见涌出了。严爽推测，是井喷使井壁坍塌阻塞了井管。

四号井的设备在井喷中焚烧殆尽。历经五个月钻至439米，眼看就要生产出丰富的石油贡献于抗战，竟遭此巨大损失，董蔚翘痛苦得无颜面对，卢克君更是害怕得要死，而负有全责的严爽则紧张得哭起来。严爽的老朋友机厂主管单喆颖对八井主管工程师靳锡庚说："看着严矿长，别自杀。"

　　严爽向在重庆局本部的总经理孙越崎发去电报，汇报井喷原委，请求处分。孙越崎不愧是 20 世纪中国的大实业家，此时刚上任还未到老君庙，接到电报后不仅没有为井喷的损失生气，反而为井喷的摧毁力欢喜若狂。他回电报说：你们找到了大油层！钻机多少钱？油层无价！要对四井所有人员给予嘉奖。主管卢克君涉险获奖，惊喜万分，此奖也成了他一生的骄傲。

　　中国石油史上的第一次井喷发现了玉门油矿主力油层，消息传出，军民振奋。但从这时起，为防日军的破坏，"玉门油矿"对外被"老君庙油矿"代替了。

（照片原台湾中油公司副总经理杨玉璠提供）

功勋"八井"

这是玉门油田开发数十余年来再也没有发生过的奇迹。

1941年2月1日，从萍乡煤矿调运来的钻机开钻，井位编号8，井队主管工程师靳锡庚，值班工程师刘树人，新到矿的见习生吴士

八井矿区。

璧、吴德楣、史久光。因为四井井喷发现了 L 油层，靳锡庚派人在戈壁砾石地上凿挖了五个深三米直径三米的圆柱形储油池，以备油多。

10 月 20 日，吴德楣值班。凌晨两点，当钻头钻透 L 层到达 448 米时，突然发生井喷。矿长严爽和全矿员工闻讯跑到井场，因为有四号井井喷的前车之鉴，严爽命令闲杂人等撤离井场，关停炊烟。靳锡庚指挥钻工用沙袋在井架平台上将井口围起来，再用钻杆做梁，上搭木板，再压上钢板，做成一间控油的小屋，让喷出的油从留出的缺口流出。

天亮时五个储油池就灌满了，溢出的原油便向低洼处倾泻。情急中严爽动员全矿所有员工在八井西面山沟处，利用沟槽节节垒土筑坝，做成连续 12 个，长约三百米，可容万吨的露天土油池。

25日，靳锡庚冒着井喷指挥钻工强行安装从四川油矿借来的防喷器，岂料匆匆的安装没有顾及装置的性能与质量，安装后节头出现漏气。气眼在几百个大气压的冲击下，很快孔洞大开，原油呼啸着冲天而起，然后像天河倒倾一般直落四野。恐怖的咆哮声将整个矿区震得抖颤惊魂，数百米内不能以话交流，井场的员工都成了货真价实的"油人"，从上到下流淌着黑黑的原油。

说来悲壮，面对狂虐的井喷，靳锡庚指挥钻工抬着钢板向钻台冲，妄图压住井喷，可不等接近井口便被瓦斯击倒，后面的人上去抬起钢板继续冲，依旧冲不破瓦斯布下的幕墙，虽前仆后继，但对井喷毫无办法。拖至27日晨，井壁坍塌堵塞井眼，喷势渐弱，靳锡庚乘势亲自上阵，与司钻一起冲到井口，将一只防喷器成功地安装上。井喷终被制服。原油一天两夜喷了1000吨。

冥冥中似乎有神秘的力量在襄助玉门石油人。之后的七个月，

八井井场大门。（台湾中油公司提供）

162

八井的原油被控制得服服帖帖，由于井喷钻杆钻头被卡在井里，但只要打开闸门，用起重倒链上下提放钻杆，原油就会流出。炼厂什么时候需要油，便什么时候提杆放油。但到了转过年的 8 月 7 日，任凭怎么鼓捣钻杆也不出油了，靳锡庚只好下令发动柴油机提出钻杆。

安装老君庙最早的采油装置。（台湾中油公司提供）

叫人喜愁相交的事情又出现了。就在被井喷摧残得像麻花似的钻杆提出井口时，原油也随着喷了出来，由于没有了任何阻塞的东西，喷得更加猛烈畅快，最多的一天竟喷出 2500 多吨。

没有办法制服它，就让它痛快地喷吧，油多了还不好？七天七夜喷了 16000 多吨，可无休止的喷油真让严矿长愁了。顺着山沟修的土油池眼看着就要灌满，再流就要流到住宅区，有的家属已经开始搬东西往东岗上逃。要命的是整个矿区的上空飘散着油气，人只要走出屋子，衣服就会落满油滴，火灾严重威胁着油矿的安危。就在这紧要关头，油井突然不喷了，你看神不神？靳锡庚乘机指挥钻工下钻，关上了防喷器。

八井产油 16 个月，总计 53300 吨，功高至伟。1942 年"180
万加仑"生产任务完成之日召开庆功大会，总经理孙越崎提缰跨马，
率全矿员工游行至八井，亲向靳锡庚授予奖旗。

八井初喷，严爽有如四井井喷一样等待处分。岂料孙越崎闻讯
从重庆返矿后，一开庆功会，亲点手把羊肉犒赏三军；二奖功臣，
晋升一级；三允见习生不写实习报告，直接转正工务员。

统帅之风，全矿大喜。

（照片原台湾中油公司副总经理杨玉璠提供）

自力更生建起第一座炼油厂

　　这是石油河谷东坡上的炼油厂，之字形的山道通向山上的员工宿舍——有名的圆门宿舍。山谷是荒凉的，烟囱的白烟则让人感觉到荒原的喧闹。目览这幅照片，你会再次感受到开发玉门油矿的艰难，但你一定也难以相信这座简陋的工厂竟是我们中国人用自己的

　　玉门油矿筹备期间，于 1939 年 10 月在石油河畔兴建第一炼厂。第一具两吨立式炼炉 1940 年 2 月建成。

　　1941 年 6 月，炼厂在石油河西岸安装第一组甑状炼炉，于 1942 年 3 月建成投产。

河西第一炼厂。

1942年4月，在石油河东岸建造的一组甑状炼炉。

力量建起的第一座具有近代化意义的炼油厂。此前，日本人在占领的中国领土台湾、东北地区建有炼厂，新疆油矿的炼厂则是当地政府与苏联合作所建；陕北油矿、四川油矿虽有炼油装置，但简陋得只能算作工场作坊。中国未来的现代化炼油工业正是从这座炼厂开始了艰苦的跋涉。

老君庙1号、2号井投产后，原油产量大增，老君庙前单喆颖造的手工操作的"间歇性立式炼炉"很快不堪重负。谁也没有想到油矿的开发进度会如此迅速，筹建炼厂成为油矿筹备处的当务之急。此时，筹备处有了汽车，西北公路局也修通了河西走廊的公路，与重庆、成都、西安等后方中心城市的联系大为方便。

1939年10月成立第一炼厂筹建处，筹备处主任严爽随即派员到重庆等地采购炼油器材，抢运回老君庙，开工建设。第一炼厂选址石油河畔，首先在石油河河东建造日产汽油两吨的连续性立式炼炉两具；四吨卧式蒸馏炼炉两具，其中一具炼煤油，一具炼柴油。1940年2月底建成，3月2日投产。

由于筹备处缺少炼化技术人员和制造设备，1940年初，资源委员会令金开英领导的动力油料厂参加第一炼厂的建设，设计制造第二具立式汽油炼炉。此时的油料厂同样缺少制造炼油装置的设备和材料，金开英一方面组织技术人员设计，一方面派出人员筹集炼油设备和制造材料。在动力油料厂员工的努力下立式炼炉很快制造完成，运抵老君庙后，于3月29日安装完毕，4月4日交付油矿筹备处。7月，油矿筹备处自筹制造的两具四吨卧式蒸馏炼炉也相继建成投产。第一炼厂1940年共加工原油1505吨，生产汽油211吨，煤油100吨，含蜡柴油193吨。

炼油厂初创时期，往炼油厂运原油需用人力和驴、马车及汽车拉运。图为马车运输队在装油。

炼厂虽初步建成，但因材料奇缺，无能力配套，炼油方法迫不得已采用很原始的手工操作。油井在石油河谷的原油运到炼厂，夏天则用桶挑，冬天则用筐抬；油井在河谷上的，则用铁桶盛上原油后，再装上驴、马车或汽车运到炼厂。原油入炼前，先由手工放到预热器，加热溶化沉淀杂质后，再用手摇泵泵入炼油炉提炼。这种状况推至抗战胜利方完全解决。

1941年3月，甘肃油矿局成立，玉门油矿也相应成立炼油厂，金开英出任厂长。同年，四号、八号井相继井喷后，原油产量剧增，决定扩建第一炼厂，因石油河东岸厂址无发展空间，遂将扩建工程放到石油河西岸。总经理孙越崎于1942年提出为支援抗战年产180万加仑汽油的口号，全矿掀起轰轰烈烈的劳动竞赛高潮。因在美购买的炼油设备被攻占缅甸的日军掠夺，为扩建第一炼厂，炼厂员工发扬自力更生的精神，自行设计制造炼油装置，在大后方想尽办法采购设备和制造材料。这一年，完全依靠自己的力量共建河西甑状炼炉三组，河东甑状炼炉一组。炼厂的扩建，使油矿顺利完成了 180 万加仑汽油的任务，有力地支援了抗战。次年，石油河东西两岸又各增建一组甑式炼炉，使日炼原油增至 200 吨。这年 2 月，嘉峪关第二炼油厂迁移至老君庙石油河畔，与第一炼油厂合并。

从 1938 年 12 月 26 日严爽率油矿筹备处勘探队首闯石油河起，仅四年的时间，便在荒凉的戈壁上竖起一座近代化的炼油厂。"一滴汽油一滴血"，如血的汽油在大西北也奏响了冲向日本侵略者的战歌。

（照片台湾中油公司提供）

【链接】

玉门油矿第二炼厂

　　1940年2月，资源委员会委派金开英主持玉门油矿炼油工作，筹建第二炼油厂，厂址选在距老君庙76公里的嘉峪关，计划建设一部为蒸馏法炼油，一部为半裂化法炼油，技术较第一炼厂先进。1940年3月动工开建，1942年4月蒸馏部完工投产，6月裂炼部安装完毕。

　　蒸馏部投产后，立即遇到原油运输的问题。在选址时，考虑更多的是交通运输、自然环境、物资供应等因素，却没有考虑在物资缺乏的抗战时期运输条件极差，原油从老君庙运抵嘉峪关是个难以为继的任务，炼炉常常因为原油断炊而停产。1943年2月，甘肃油矿局决定将嘉峪关第二炼油厂移装老君庙，与第一炼油厂合并。从此，玉门油矿没有了第一、第二炼厂之分。

为"180万加仑"而奋斗

　　这幅照片展现的是 1942 年 12 月中旬，油矿庆祝完成"180 万加仑"汽油生产任务游行大会的场面，中间穿长袍马褂的是总经理孙越崎，右边披大衣的是矿长严爽，拿话筒扮小丑的是大名鼎鼎的

1942 年 11 月中旬，油矿职工游行庆祝"180 万加仑"任务完成。（原玉门油矿钻井工程师卢克君摄）

钻井工程师卢克君，那面旗子则是玉门油矿的矿旗。这是玉门油矿抗战时期最热闹的一天，只要与石油老人聊起战时的油矿，他们都会不约而同地讲给你"180 万加仑"的故事，眉宇间油然而生的自豪令你也情不自禁地激动起来。

1941 年 12 月 7 日，太平洋战争爆发，不久日军攻占缅甸，中缅公路的物资中转站腊戍失守。国民政府为玉门油矿投资 500 万美元，向美国购买了 2600 吨石油设备，只抢运到老君庙 350 吨，所购 14 套钻机仅拼凑出三套半，一套达布斯炼油设备也仅运到一些零件。消息传来，惊呆了盼望美制设备到矿好大干一场的老君庙油人。

日本侵略者的封锁没有吓倒孙越崎，他召集各部门开会，满怀豪情地说："美国订购的炼油装置依靠不上了，我们走自力更生

油矿游行庆祝"180万加仑"任务完成。旗子后面戴尖皮帽骑马者是总经理孙越崎。（卢克君摄）

的道路，在国内自己设计制造。"他宣布：为了支持抗战，1942年要生产汽油180万加仑，比1941年的产量增加九倍。回到重庆后，他向资源委员会正式申报180万加仑的生产任务，并立下军令状，如果完不成180万加仑自愿撤职处分。

此时的孙越崎不但是甘肃油矿局的总经理，还兼任四川天府、威远、嘉阳、石燕四个煤矿的总经理，担子之重可想而知。他提出玉门油矿年产180万加仑的生产目标后，更为呕心沥血。在赴玉门向夫人王仪孟告别时，动情地说："我一出这个家门，就忘了自己是个有家的人了。"一天，因为劳累过度，他昏倒在办公室里。

孙越崎要求每个油矿员工都要记住"180万"这个生产目标。每天清晨，只要他走进办公室，就向勤务员发问："我们今年的生产目标是什么？"勤务员听到这句话，便大声回答："180万加仑！"孙越崎走到路上遇见员工，也常这样发问，听到的都是响亮的"180万"。一次，孙越崎在路上遇到几个油矿小学的学生，问他们："你们知道我们油矿今年的生产目标吗？"小学生马上高声回答："180万！"

在孙越崎的带领和鼓动下，油矿员工为实现"180万加仑"的生产目标展开了劳动竞赛，在矿区挂出"加紧生产，多出油品，支援抗战"的大幅标语。这是玉门石油老人一生中最为激动的一页，是他们青春活力的第一次迸发。一位老人晚年回忆说："我曾长期为没有上前线与日寇作战而产生羞愧的心理，但在为180万加仑奋斗的日子里，我的精神解脱了。"

为完成这一任务，在重庆炼厂的技术员必须自行设计制造出四组阶梯式连续甑炼炉。在重庆局本部承担图纸设计的工程师，吃住在办公室，昼夜操劳，日本飞机来轰炸，便躲进防空洞，警报解除，出洞继续工作。图纸完成后，大后方一百多家工厂承担制造任务，以最快的速度完成了订货合同。

由于滇缅公路被切断，钢材来源断绝，大部分厂家一时不能开

油矿职工在石油河西岸自力更生建设的第一炼厂。（童宪章摄）

锅炉房拉响汽笛庆祝完成"180万加仑"生产任务。
（童宪章摄）

工制造所需部件，孙越崎便发动职工想办法，四处搜罗钢材。

他们找到了自来水公司，购买城市地下废弃不用的管材。

他们想到了长江里的沉船，组织人力打捞上来，拆船取钢。

他们还与设在中国的外国石油公司联系，购买他们已无油可储的储油罐。

炼油装置在重庆造好后，油矿局用自己的车队，翻万重山，穿千里戈壁，运到2500公里外的老君庙。

战时的玉门油矿由于没有吊运设备，运抵的装置全部由炼厂员工人拉肩扛组装起来的。

1942年11月中旬，经过甘肃油矿局近七千员工的艰苦奋斗，提前实现了180万加仑汽油的生产目标。老君庙召开庆功游行大会，象征胜利的汽笛声响彻石油河两岸。激动的员工为孙越崎披红戴花，把他高高地抬起来，伴着欢呼声，一次又一次地将他们的总经理扔到空中。

（照片原玉门油矿机厂主管工程师单喆颖之子单玉相提供）

176

土 油 池

　　照片上那六个深陷地下圆桶状的装置，就算你是老石油，也辨不出是何东西。告诉你，它是在戈壁砾石上掘挖的储油池。怎么会呢？这样露天而放无遮无掩，油气还不挥发吗？可它太特殊，若不是抗战时期物资极度缺乏，如此违背石油工业规律的做法怎么会出现呢？

土油池只能产生在战时中国大西北的戈壁上。为什么不做成钢质的储油罐？哪里去找制罐的钢材啊，不用说油罐的薄钢板需要进口，就是铁制的管子都珍贵得要死。说来窘然，因为砌油池的砖要从很远的地方运来，情急时便连砖都不用，干脆就地掘池储油。

照片上的土油罐和土输油沟很规整，应该是八井旁的输油站。实际上各个井出油后掘的土油池要简陋得多，因为戈壁砾石层渗透性差，在井旁地势低的地方掘几个坑就算是储油池了，再依地势掘条沟当做输油管，将油井的油导向油池。

八井井喷后修筑的土油池，确如一个小小的湖泊。（刘话难提供）

建矿之初没有输油管道，即使冬天土油池也没有设置蒸汽加热融化。河谷内的油井，夏天工人用油勺将油舀入约五加仑容积的桶内挑到炼厂，山上油井则用53加仑油桶装盛后由骡车运送。冬天的油池全部凝固，便用铁铲将油块铲入筐内担走。炼厂同样没有储油罐，初始产油少，运来的油块加热液化后，直接进入炼制程序。以后原油越产越多，便挖了一个很大的土油池用作储油。

因为管材的奇缺，土油池土油沟在第一条输油管道修好后依然使用。距八井较近油井生产的油，就从这样的土油池沿着这样的土油沟流到八井旁输油站的土油池集中，再经过沉淀计量后，泵入输油管流向炼厂。夏天输油还好办，像管理水田一样，拉起闸板，油池的油流入油沟，或油沟的油流入油池。到了冬天原油凝结，油池和油沟便需装上蒸汽管线，输油时通上蒸汽，使油液化流淌起来。

土油池写照了战时中国人的艰辛与顽强，但也不乏苦中的乐观与幽默。一位在台湾的老油人晚年曾这样回忆说："八号井旁的几个大油池里贮满了原油，茫茫一片，宛如几个大湖在阳光下闪烁，再往前走就可以看到纵横的油沟，里面潺潺地流动着原油。假如有一种鱼能够在油里生存，又假如老君庙能够遍地长满了花草树木，看油池里的游鱼和桃花夹岸，那是多么美丽的一幅景致。老君庙虽然到处都是光秃秃的，但满地贮满了原油，也足以令人兴奋和安慰。"

艰苦的抗战岁月啊，玉门油矿的员工就是这样在荒凉的大西北筚路蓝缕，做着石油工业的拓荒人。

（照片玉门油田提供）

西安郊外拆运外商储油罐

  这幅照片上潇洒的男士叫杨敏，是 1949 年玉门油矿起义迎大军时大名鼎鼎的护矿大队大队长，被录入中国石油史的人物。挽着杨敏胳膊的是他的新婚妻子梁族英。地点是 1940 年的越南海防。

这里距玉门老君庙五千公里之遥，是如何与他们联系在一起的呢？

1934 年，杨敏从北洋工学院矿冶系毕业后，先到资源委员会矿室做技术员，后到资源委员会所属的云南锡矿做实际的矿业工作。七七事变后抗战全面爆发，日军封锁了我国的海上交通线，矿上在国外购买的设备只好走越南海防港。由于杨敏会法语，便派他到越南接运物资。为了做好接运工作，杨敏到越南海防港后就开始学习越语，闲暇还到公园找越南人交流语言。一天，在公园遇到一个叫梁族英的漂亮的广东姑娘，俩人交谈后迷上了她，竟一见钟情，不久结为连理。他们的两个女儿在玉门油矿出生后，以他和妻子分别出生在广东和北方，相爱在越南为由，一个叫"越东"，一个叫"越北"，以此纪念这段不平凡的日子。

日军为切断我国的物资进口通道，加紧侵占越南。杨敏日夜不停息地指挥抢运到港的物资。1940 年 9 月 26 日，是杨敏难以忘怀的一天，还有最后 3 吨钢材没有启运，但当他赶到港口时日军已经开始登陆。他远望着日军占领码头痛心不已。第二天带着新婚妻子回国述职。

杨敏携妻子撤到重庆后，初在资源委员会矿业处任职。他想做实际的矿业工作，尤其向往玉门开发石油的工作，认为那是支援抗战的大工业，值得他献身的地方。他找到北洋校友、玉门油矿机修厂主管单喆颖，请他介绍到老君庙工作。1941 年 10 月 20 日，是他离开重庆正式进入石油工业的日子。坐在卡车车厢上不仅颠簸，而且风打衣透寒气彻骨，出生在广东的妻子为西北路途的艰苦流下了泪。他安慰妻子，鼓励她与他共赴油矿。路上走了两个月，到老君庙时已是年底。

　　让杨敏想不到的是，总经理孙越崎早已了解到他在越南的经历，报到的第二天便将他召到办公室，告诉他油矿急需各类器材，尤其是造油罐和油管的钢板，而太平洋战争爆发后所有进口通道都被日军封锁，只能在国内没有被日军占领的地方想办法，所以请他到西安去搞，具体怎么搞让他自己想办法。

　　杨敏领到任务后，在矿上仅休息两日就携妻子又踏上回程的路。西安办事处主要是接待工作，能够帮助他搞到器材的人几乎没

杨敏一家在玉门油矿的合影。左起：杨敏、杨越东、梁族英、杨越北。

建在石油河畔最早的采油装置。可见圆筒型的储油罐，其建造的钢板是抗战时期最难以购到的物资。（台湾中油公司提供）

有。他凭着一身的豪气到处交朋友，寻找购买器材的线索。从敌占区走私是搞到器材的唯一办法，管子还可以进货，但钢板是日本人严控的物资，没有任何可能搞到手。可油矿因为没有储油罐，不仅原油露天存放，连炼制的成品油都因缺少储存的容器，严重制约了产量的增长。

　　一天，发愁的杨敏到西安郊外散步，无意中看到外国石油公司储油站撤退时放弃的储油罐，喜出望外，再一打探，从西安到郑州有好几个这样废弃的储油站。他找到在西安警备司令部任职的北洋同学，请他派了几个工兵帮助拆储油罐。通过这位同学又认识了洛阳警备司令部的参谋长，再请这位参谋长派工兵将西安至洛阳沿线外商储油站的油罐连带附属设备全部拆运到西安。这些油罐一分钱没花，被杨敏运到油矿后不仅解决了炼油厂的储油问题，而且为自力更生制造新的炼油装置发挥了极大的作用。

　　杨敏西安拆运储油罐之事，虽对玉门油矿初建贡献颇大，却因他的寡言未被任何书籍记载。1994 年笔者到杨敏家中采访三日，方详知此情。

　　是以记。

（照片杨越北提供）

用侍从室密电码向蒋介石要油桶

这绝对是一个可以传世的经典故事：

1942年8月下旬，为解决新疆回归的问题，蒋介石与宋美龄乘飞机到嘉峪关，然后宋美龄转飞迪化去见盛世才，蒋介石在等候消息的暇间，顺便到玉门油矿视察。陪同的有白崇禧、胡宗南、甘肃省主席谷正纲、宁夏省主席马鸿逵的弟弟马鸿宾。

孙越崎到嘉峪关去接，蒋介石请孙越崎与他同车。在大员云集的官场中能够与委员长同车，这应是莫大的荣誉了，可孙越崎没有流露出丝毫的受宠之情，反而到矿后放开了喉咙向蒋介石绘声绘色地介绍起油矿的情况。石油对蒋介石是很新鲜的，实地看到油井、炼厂的样子，趣味更加浓烈，加上孙越崎生动的讲解，对孙越崎能够在大西北荒漠上这么短的时间办起油矿，油然生出敬佩的情感，"不容易，不容易，实在不简单"，成了他一路参观下去的口头禅。

在返回嘉峪关的路上，蒋介石依然请孙越崎与他同车，在车上谈了他参观油矿的感受，进而询问孙越崎是哪里人氏。当听到与他是浙江老乡时，又问了孙越崎父亲的情况。他对孙越崎说："以后有什么问题随时告知我，一定支持你。"不懂官场攀附的孙越崎好

玉门油矿满载汽油准备出发的车队。

像没听懂委员长的弦外之音，没有迎合一句诚惶诚恐的话，反而介绍起东北矿产的丰富和工业的雄厚，暗喻收复东北的重要。蒋介石听得很仔细。三年后抗战胜利，孙越崎被任命为东北区接收特派员，与这次谈话不无关系。

　　戏剧性的是，三天后蒋介石给孙越崎发了一封密码电报，交给他两件任务，一是草拟一份战后经济建设计划，二是保荐一些建设人才。关键是后面这件看似很轻的事情：给孙越崎寄去一份委员长侍从室专用密电码本，要孙越崎随时与他联系。这是明白地告诉孙越崎，他已是委员长的亲信。

　　书生孙越崎依旧不以为然。那两项工作让他巧妙地推掉，密电码本也因无用而锁入柜中。但在1942年为"180万加仑"奋斗的热潮中，原油和油品产量越来越多，曾从长沙拆运的两个油罐已不

敷装用，最后出现白天购油车拉走多少，炼厂生产多少，晚上没有销售油便停产的情况。要想连续生产，必须解决储油的问题

　　孙越崎对政治粗心，对办矿却是个机警之极的人。他计划用油桶替代油罐储油，便想到了蒋介石给的密电码本，用密电码给蒋介石发去一份请求拨给 6 万个 53 加仑空油桶的电报。这是他唯一的一次使用密电码本。蒋介石没有食言，收到电报后立即饬令总司令部后勤部拨运 3 万个空油桶给玉门油矿。油桶虽然大多破旧，但经机厂彻夜修理，很快解决了储油的难题。

（照片玉门油田提供）

汽车轮子滚出来的油矿

　　这是大后方最强大的工矿运输队，深处戈壁孤岛上的玉门油矿，连一颗螺丝钉都是他们从 2500 公里外的重庆拉来的。从照片上一个个司机透出的"爷"相，便知他们自豪的心境。

　　战时最鼎盛时期，总经理孙越崎手握 540 辆汽车，这是他敢在戈壁上建设一座油矿的定海神针。他的智慧与襟怀在大后方的经济界难有人与其匹敌，执掌玉门油矿后，他将大本营设在重庆，任蜚语中伤不为所动。中军之帐不在军中如何打仗？孙越崎的谋划之策是，戈壁建矿所有物资都要从重庆运去，战时物资匮乏，搜购器

玉门油矿运输处老君庙修理所。

材、制造设备要花费极大的精力，有他坐镇陪都事情会容易些，否则一切都会陷入扯皮与空谈。玉门油矿在他手中两年大发展，真可谓一策定乾坤。于是，运输车队便成了玉门油矿的生命线。

这批车均是资源委员会在太平洋战争爆发前从缅甸抢运回来的美造道奇、麦克、雪佛兰，虽到矿后经转运已伤痕累累，但在战时已属不易。要命的是缺少零部件，重庆到老君庙2500公里简陋残破的公路，汽车一趟颠簸下来便遍体鳞伤，然后是带伤上路。许多石油老人回忆初赴玉门要走两三个月，不是路远开得慢，是走走停停修车不已，一天能行四十公里便阿弥陀佛了。

孙越崎下决心造就能够负起重任的运输队伍，任命老部下、曾任油矿筹备处代主任的张心田为运输处长，亲自制定运输线的建设规划。他将重庆至老君庙主干线划分四个区段，设立办事处，区段沿途再建立17个站。与行政机构相配套，在重庆建设一座汽车修配厂，四个办事处各建一座汽车修理所，沿途再设 7 处修理站，9 处救济小修站。经此一役再赴玉门，时间缩至一月左右。

孙越崎到油矿本可以乘飞机直抵酒泉，但为了巩固运输线总是不辞辛劳坐车前往，沿途逐站检查，令员工既紧张又钦佩。他每到一处不仅询问工作检查设备，连员工宿舍的门窗是不是结实，上厕所是不是方便都要亲自查看。一时在调皮的员工中流传着对总经理视察的玩笑话："总经理来啦，当心门户！"

一日，各段站来电急告，西北公路局以军用为名连连扣用油矿汽车，以致油矿急需物资不能及时送到老君庙。孙越崎致电路局局长何竞武：你局既想吃鸡蛋，又对生产鸡蛋的单位扼制，望放车。何竞武本是个地方军阀出身的官僚，对孙越崎的请求竟不予理睬，反而派七辆车到矿提油。孙越崎大怒，下令扣车，让这七辆车为正在施工的输油管道工地拉运保温的马粪。何竞武这才知道孙越崎的

玉门油矿于 1939 年 2 月购买的第一辆汽车。（照片原台湾中油公司副总经理董蔚翘提供）

厉害，亲自来矿求和，但对拉马粪侮辱路局之举提出抗议。孙越崎笑答：马粪是极好的管道保温填料，你去参观一下便知言之不缪。又道：你局扣我车辆，打乱我运输计划，管道大冻前不竣工耽误抗日，也影响路局用油，所以所扣七车在我矿重庆车辆未到前不能放回。言之凿凿，何竞武只得同意。

抗战后期，玉门油矿运输线南起云南昆明，北至新疆乌苏，长达5000公里，大后方无处不见玉门油矿的影子。

（照片玉门油田提供）

羊皮筏子运汽油

　　这张摄于七十多年前的照片历史价值之高是无须质疑的，因为写作者搜寻了数年也没有找到比此照更清晰、更与环境相贴切的片子。照片是童宪章的女儿童华育收藏的，那么也一定是酷爱摄影的

童宪章的作品。几乎占据了半壁的羊皮筏子真实地呈现出乡土民俗风貌，饱经沧桑的黄河筏工手持划桨背靠浮冰漂流的黄河，加上河边停泊的皮筏，远山疏林，一派古拙自然的画面。只是筏工前后的两位着装现代的青年拉近了时间的距离。揣测童宪章或觉得唯有如此才能体现出古老与现代对比的艺术效果。

羊皮筏子是黄河上特有的水上运输工具，千百年来在贫穷落后物资奇乏的西北，唯有羊皮筏子能够让人焕发出逆天的智慧，承载起西北人跨越黄河天堑的梦想。七十多年前的抗日烽火中，这种梦想又让玉门油矿总经理孙越崎再一次演绎出夺目的光彩。

玉门油矿喷出了原油，炼出了汽油，大后方的人们都欢欣鼓舞，但怎样从戈壁荒原上运出来，很少有人去思考。用汽车运吧，圈外人想得很简单，可孙越崎从生产出汽油那天起便被运输所困扰。为什么？从老君庙到重庆2500公里，来回就是5000公里，要消耗多少汽油在路上啊！炼厂厂长、抗战胜利后开创台湾石油工业新猷的金开英晚年回忆说："运油的大卡车在往返的路上会消耗掉所载油量的三分之二，所以，假设运三桶油出去，到重庆便只能留下一桶。"

运输线上汽油消耗太大的事情让孙越崎头疼不已，虽是战时洋油断绝，生产不计成本，但万般辛苦生产的汽油没用在最需要的地方上，还是令他焦虑不安。到企业第一线的领导者必有收获。孙越崎不坐飞机坚持坐汽车到玉门，在经过兰州时看到黄河中的皮筏子，智慧闪现：若是将羊皮筏子搬到嘉陵江上，汽油从老君庙运到四川广元上筏，再水运到重庆可节省700公里的路程，汽油消耗岂不大大减少？大实业家的气魄让他说干就干。他找到兰州市政府商议，以求获得支持。然后又找到兰州皮筏行最有权威的筏户老板王信臣，聘请他主持皮筏运油事宜。

王信臣带两个筏工和 400 只羊皮囊，坐车到广元，与运输处处长张心田共同设计了一种 360 只羊皮囊做成的羊皮筏子，这种超级羊皮筏先由 36 只羊皮囊编成一只小筏，再用这样的十只小筏组编成一只大筏。首次试航装运了 5 只 53 加仑的油桶，约汽油 1000 余公升。用黄河上的羊皮筏运汽油，这对以木船为唯一水上工具的嘉陵江沿岸民众是个怪异的事情，像看滑稽戏似的追看羊皮筏试航，还编了首顺口溜："油矿局，瞎胡干，羊皮筏子当兵舰"。王信臣不信邪，与两位筏工小心驾驶，经一个月的漂航安全到达重庆，试航成功。于是，孙越崎批准张心田在兰州购置了 2000 只羊皮囊，运到广元做成五只大皮筏，每只筏可装 53 加仑的油桶 168 只，约 24 吨。每筏有筏工四人驾驶，前后各二。这 5 船 20 人便组成了由油矿局运输处直接领导的皮筏"水上运输队"。

皮筏运输队于 1942 年 11 月正式运营。油品由汽车运到广元上筏，经涪江、嘉陵江，计 15 日到重庆，全程 940 公里。羊皮筏子运输队首航抵达重庆，轰动了山城，山城民众涌到码头像迎接英雄一样欢迎运输队的到来。油矿局举行盛大的庆祝大会，庆祝水运汽油的成功。那句"羊皮筏子当军舰"也被改为"羊皮筏子赛军舰"，从此流传在大后方，成为抗战时期艰苦岁月的时代记忆。

（照片中国科学院院士童宪章摄）

【链接】

　　用羊皮筏子开辟的水上运输并没有解决运输途中消耗汽油的根本问题。为了减少油矿局的损失，又可改善因油矿内储能力弱而减产的现状，提高产量，孙越崎想了个办法：让购油单位自行带车到油矿提油。此法无须笔者赘述，引一段当年油矿局的情况反映便可知孙总的办法高超：

　　——"抗战军兴，海疆封锁，外油几濒断绝。本局营业蒸蒸，乃一时之特殊现象。因供求之极端失衡，各界用户迫切需要，不得不跋涉荒凉前来接洽，面交上级机关之函电，亦带恳求之意，油款先付或后付情皆自甘，数量更不计较，只要有油可给，即可满足。他着提运之车，盛油之桶，莫不用户自理，无须我方预售。"

　　玉门汽油作为战略物资绝大部分是供西北陕甘的军队和后方机关，提油车自理不成问题，也减轻了油矿的压力。至于煤油、柴油等民用品的销售，孙越崎又有"商人推销，自由竞争"的办法应对。这样，水上运输的作用便逐渐减弱，至 1944 年仅运送 115 吨。1945 年 11 月，羊皮筏子运输石油的工作就停止了。

第一条输油管道轶事

　　这张珍贵的照片展现了两个石油史记录，正在安装的一条输油管道一看便明，与管道交叉的"水沟"是做什么的呢？且住，那不是水沟，是输油沟，在没有管道前，油井冒出的油就是沿着这样简

机厂自力更生制造的燃油锅炉。（单玉相提供）

陋的露天土沟流向储油池，再由畜力车和汽车运到炼油厂的。这项"发明"仅玉门老君庙油矿所有。照片上那两个钻工拿着铁锹在干什么呢？仔细看，因为从油井流出的原油在土油沟里流动得太慢，他们在用铁锹拨赶油沟里的原油。由此可以推断，输油管是刚刚安装好还没有运行工作，露天土油沟仍在使用着。

两条历史相交的输油道出现在一张照片上，记录了中国石油史一个真实的瞬间，多么珍贵啊！

玉门油矿第一条输油管道是经济部长翁文灏的公子翁心源到美国学习输油工程回国后，携家到玉门油矿主持建设的。管道从八井区输油总站到新建的四台炼油厂，虽然全长仅4.5公里，却开启了中国输油工程的先河。

在战时极度缺乏物资的情况下，建设这样一条管道同样需要自力更生，克艰克难，寻找代用品想办法维持生产。先说说冬天怎么输油吧。玉门的石油含蜡高，身处大西北的玉门海拔 2400 米以上，加上低温的晚间，一年有 8 个月凝蜡期，为管道保温成了首要的"科研项目"。没有防冻材料，就用毛毡和草绳将管道包好后放到沟里，再填上马粪埋起来。到深冬零下 20 多摄氏度时，这点儿"科技产品"根本不管用，于是启用了最新的"科研成果"，用蒸汽加热通管。输油前先从八井总站往油管压入蒸汽，一方面疏通管道，另一方面给油管加热。油停输后，再压入蒸汽冲洗管道。

有一条从井场到石油河畔老炼厂的输油管，要经过一段河谷悬崖，油管便赤条条地悬挂在崖壁上，虽有毛毡草绳包裹，北风一吹，原油还是要凝滞阻塞油管。这时，只好由输油的技工展示攀山的绝技了，他们在寒风中时而悬空，时而倒挂，敲打管线，直到通

输油管道建成前，原油从井场土油沟流向储油池，再装入马车拉的油罐运往炼厂。图为往炼厂运送原油的马车队。

畅。每逢冻透无法疏通时，技工们便干脆往草绳毛毡上浇原油，然后点火一烧了之。火焰从崖底沿管线直冲崖顶，就像一条火龙腾空而起，甚为壮观，油管也随之通畅。

蒸汽成了井场冬天的生命线，因为不仅输油，钻井、采油都需要蒸汽，因而生产蒸汽的锅炉便又成了油矿的心脏，只要蒸汽不冒了，一切工作都要停。要命的是，由于物资缺乏，油矿所用锅炉都是重庆各方淘汰的旧货，型号老，锅龄久，效率低，为应对长途的运输还只能选功率小的。可就是这样的货也已难得，拉到矿上由机厂改造安装后勉强使用。如是，锅炉的故障能少得了吗？

矿长严爽直接指挥钻探的 15 号井，因为天冷，锅炉马力小供汽不足，钻机无法正常工作。严爽跑到锅炉房大发雷霆，命令炉工加压供汽。望着急得眼泪都流出来的矿长，炉工只好玩儿命开大喷油的油门，将火力调到最强。眼看着炉膛内护炉板的耐火砖被强劲的火苗烧得一块块往下掉，再烧下去，经改造勉强使用的锅炉非爆炸不可。严爽见危险将至，只好让炉工减压，忍痛叫 15 井停钻。

蒸汽真是又叫人爱又叫人恨，但对输油人员，所有人见了他们都道辛苦，因为节假日都在休息欢乐，唯有他们还坚守在岗位。谁叫矿长将蒸汽锅炉都交给输油站管呢。其实他们也很自豪，尤其年终完成生产计划时，八号井旁那只最大号的锅炉早早地就将气压烧到最高点，等炼厂传来计划完成的消息，炉工立即拉住汽笛，将满满一锅的蒸汽全部放出去。汽笛长鸣，直冲云汉，整个矿区都笼罩在欢乐中。

（照片台湾中油公司提供）

万能的机厂和万能的主管工程师

　　这张油矿机厂的工作照大约拍摄于 1942 年，皮带式的动力传送点破了机床的陈旧和设备的简陋。由于物资的缺乏，机厂初始仅有一台车床，一台钻床，一台牛头刨维持着全矿的机械修配和制

1941 年 12 月，单喆颖（前左二）与机厂技术人员合影。（单玉相提供）

造，后来又从萍乡煤矿调过一些破旧的机床，也不敷派用。好在有一位毕业于天津北洋大学机械系的主管工程师（即厂长）单喆颖，由他指挥着帐下的工段领班，依然成就连连。他是单枪匹马闯戈壁，懂机械的就他一个，还有一位是绘图员，其余都是工人。油矿正式开发后，机厂逐渐发展到近千人，技术员才随着多起来。

机厂虽然简陋，但对戈壁孤岛上物资奇缺的油矿，它却要担负起所有机械的维修和制造，致使业务包罗万象，大至锅炉电机、钻采设备、炼油装置的制造维修；小到菜刀、煮饭锅、炒勺、冬天取暖炉子的制作，无所不能，全矿的人称他们是"万能的机厂"，单喆颖也被称为"万能的主管工程师"。

说说单喆颖过五关斩六将的事吧：

一日，矿长严爽派人从重庆订购的钻机封井器高压下漏油漏气不能使用，送到机厂维修。单喆颖出手再造，先用钢板焊成阀芯，再用铸铁包铸成一体，经试压一举成功。

采油奇缺输油泵，又采购不到，严爽无奈请单喆颖试造。单喆颖依照美国输油泵设计图纸，很快制造出不输美国货的输油泵。从此油矿80%的输油泵由机厂制造，让油矿员工倍感自豪。

原油炼制后的废渣油无法利用而丢弃，矿区生活用煤却年需万吨，于是，总经理孙越崎"下诏"，悬赏200万元给能够制造出渣油炉的人。单喆颖"揭榜"，随即发明了渣油炉：一个上小下大的三层铸铁塔盘，使用时先将渣油滴到顶层盘上，盘满再溢滴到中下层盘上，点火后渣油气化完美，火焰干净无烟。孙越崎欣喜若狂，但200万元的悬赏因财务制度最终只发了2万元，单喆颖全部为机厂员工买了技术书籍。内疚的孙越崎直到晚年还为这件

机厂初创时期
年轻的技工和机床。

事致歉。

矿区用水量日益增大，需要高程水泵将石油河的水提到岗上。水泵外购不到，孙越崎只好请他的老部下单喆颖想办法。单喆颖利用套管做主体，再从材料库中挑得一些废旧材料，设计焊制成两台高压水泵，用两台柴油机驱动试车一次成功。河水上岗，全矿欢呼。

机厂自力更生制造的油井节制阀"圣诞树"。

输油管道建成后，总是解决不好原油冬天凝固的问题。孙越崎只好把这个难题又交给单喆颖。万能的单喆颖在输油管内设计安装了一条细的蒸汽管，输油的同时输送蒸汽，原油在蒸汽的高温下自然保持液态不再凝固了。这是中国人第一次使用蒸汽加热法输油，单喆颖也成为中国蒸汽加热法输油第一人。

运输课的一辆汽车发动机的凸轮轴断了，有人建议找机厂修，司机对机厂的技术不屑一顾，妄说：这种轴连西安都修不了。单喆颖听到后主动接活儿，把受损件拆下来研究测量后，先在车床上车个轴，再按测得的数据用手工去掉多余部分，打磨淬火做成新轴，装上试车，汽车行走如初。

单喆颖领导的机厂名声远播，成了兰州以西新疆迪化（今乌鲁木齐）以东 1300 公里内唯一的"万能机厂"，在抗战艰难的岁月里，以简陋的设备承担起中国石油工业拓荒期的机械制造重任，实为可歌可泣。

（照片单喆颖之子单玉相提供）

【链接】

关于单喆颖的照片

单喆颖先生是我国石油工业初创时期不多的几位先驱之一,亦是我国石油机械制造业的开拓者。与单先生相识是笔者1993年与杨玉璠先生联系后,他支持笔者的研究工作,将海峡两岸知名的玉门老油人联系地址与电话号码自台湾用书信寄来,单喆颖的名字赫然其上。笔者很快给在淮南煤矿的单先生一信,随信还有一份采访提纲,请他能够按照提纲书写一份回忆录。以晚辈之身向八十余岁高龄的长者提此要求是很过分的,笔者幼稚得只想抢救老人口中的史料,却没有体谅老人身体的承受能力。意想不到的是单先生不仅连寄两份回忆给笔者,而且对严爽1936年出走延安这一石油史之谜给予了详细的解答。

单先生1998年去世,享年93岁。不久,单先生的儿子单玉相撰写了一篇单先生给他口述的石油生涯的文章,史料价值很高。从此,与单玉相成了相知的朋友,逢年过节相互书信问候。2013年,因拍摄《玉门老油人纪事》电视片,笔者在电话中请单玉相准备好单老先生的历史老照片。事后得知,单玉相已搬到合肥与儿子团聚,照片则在淮南家中。他命儿子专程回淮南取相册以备摄制组的到来。

看到单玉相提供的这批照片,笔者激动的心情难以言表。单玉相介绍说,单喆颖老先生是个摄影迷,他也更知这些照片的历史价值,"文革"中备受折磨,但老照片都想尽办法保护下来。照片分为两部分,陕北延长油矿三年的照片弥足珍贵,尤其孙越崎领导渡黄河的几张，所记录的历史瞬间是可以称作中国工业史史料瑰宝的。再有就是玉门油矿初创时期的照片，不仅留下了油矿机厂的影像，而且还有很多职工的生活场景，令老君庙石油人在抗日烽火中的爱国形象更加具体生动。

山　洪

　　这是洪水冲向西河炼厂的瞬间，这是玉门老油人既伤心又励志的经历。

　　1943 年进入 7 月后，从来少雨干旱的玉门蓦地阴雨连绵，时而还突降一阵暴雨，令老君庙的油人和家眷在防雨的忙碌中还带有久逢甘泉的喜悦。琼浆真的迎来一位贵人，他叫钱昌照，资源委员会的副主任，做事干练，到油矿视察就住在石油河西岸的西河炼厂

1939 年 10 月，甘肃油矿筹备处在石油河畔兴建第一炼厂，于 1940 年 2 月底建成。（童宪章摄）

洪水过后，西河炼厂一片废墟。（杨玉璠提供）

一间简陋的招待室里。

　　平日的石油河只有三四米宽，河水潺潺，赤脚都可以趟过去，就是雨季，也不见河床扩宽多少。在干旱的大西北谁的心中会有水灾的词语呢？油矿初期的炼厂建在石油河两岸，就是在物资奇缺的情况下只顾及用水之利，没有考虑水灾之害的原因。当然防备日机轰炸也是将炼厂建在河谷的重要因素，为此还在东山上驻扎了一个高炮连。河东厂址地势较高，河西厂址接近河滩，地势较平坦，主要的炼油装置便集中在河西，但它的后面是高不可攀的绝壁，因而崖壁之上也无人迹可寻。

　　7日下了一天雨，8日早晨又是一阵暴雨，上工后雨势减小，石油河水虽有涨幅，但依旧像往常一样哗哗地流淌，河上那座小小的木桥也依旧人来人往。细雨淋淋到了下午临下班的时候，通往祁连山的河谷深处突然传来隆隆的声响，在谷中回荡不息，继而声音越来越大，如雷滚滚，令人可怖。

　　工作在河东矿区高地上的员工闻声纷纷跑到高崖的边上探望。就在大家为河两岸的炼厂无甚事情发生而放松的时刻，更大的轰鸣再次滚来，震颤心胆。随着吹面的谷风，上游峡谷中蓦然涌出一道黑黑的水墙，发着怒吼，急驰而下。水头瞬间而至，洪涛中翻滚着树木、巨石和祁连冰川上未融的冰块，势如千军，瞬间将西河炼厂卷入浪中。

　　钱昌照住的招待室先进水，员工刚将他转移到高处的会议室，招待室就被洪水冲走。会议室很快也进水，又将他架到最高处的水泵房，不久会议室便被洪水淹没。惊心动魄的情景令钱昌照铭记终生。

　　河西炼厂的员工逃难求生，河东炼厂的员工撕心裂肺地目睹西河炼厂的被毁而无能为力。巨大的油槽、炼油罐、烟囱像孩童的玩具在洪涛中起伏翻滚，厂房更像是轻巧的火柴盒，被洪水卷起，又在大浪中粉碎成残片随波远去。这是在战时"一滴汽油一滴血"的艰难下，用时三年花费了巨大的人力物力建设起来的工程，转瞬消失殆尽，怎能不悲痛哀伤。

　　10日清晨洪水尽退，除了油井值班的人员，全矿的员工都涌上河滩寻找冲走的炼厂设备。地质室副主任、我国地球物理学创始人翁文波与他的学生、后来成长为中国科学院院士的童宪章，制作了一台金属探测仪，到河滩下游探寻被泥沙砾石淤埋的设备。庆幸的是设备大部残件被找到，可还有怪事，重达一吨多的两个水泵却

洪水泛滥石油河谷。（童宪章摄）

210

怎么也找不到。

　　总经理孙越崎得知西河炼厂被洪水摧毁，立即从重庆乘飞机赶到油矿，与钱昌照一起同油矿各级主管商讨对策。他号召员工继续发挥自力更生的精神，发奋工作，恢复生产，完成当年任务，支援抗战。

　　炼厂选址不当，

老君庙第一炼厂被洪水冲毁后新建四台炼厂。(台湾中油公司提供)

择址另造新厂，是孙越崎面对灾害做出的最为出色的决定。

　　两个月后，被毁的炼油装置修复投产。

　　一年后，在新址四台建设的炼厂一期工程竣工。对此，玉门人称"水迁炼厂"，使玉门炼厂迈上一个更高的现代化台阶。

　　灾难只会使勇者奋进，石油河的洪水便是明证。

　　　　　　　　　（照片台湾玉门老油人刘话难提供）

第一支物探队的首次野外测量

　　这是中国石油工业第一支地球物理勘探队的全体队员照，当代数万物探大军就是从这里发展壮大的。成立的时间是 1945 年 7 月，再有一个月就盼到了抗战胜利。队长翁文波（前排左六），技术员丛范滋（前排左七）、李德生（前排左三）、汤任先（前排左四），其余的是技工。由于物探手段单一，这支队伍只被称作"重力、磁力测量队"，但它载入史册的历史地位是不容动摇的。与他们的鼻祖身份相配的是，翁文波从这里出发成为我国地球物理学的开创者，他的学生李德生因为对新中国石油地质学奠基性的贡献而进入中国科学院的殿堂。

这是测量队成立后，翁文波第一次带领全队做野外测量，因此这幅照片更具历史意义。拍摄的地点是酒泉县南华村测量队驻地，有意思的是，队伍中出现了翁文波的妻子冯秀娥（前排左五）和他3岁的儿子翁心树。这位英国皇家学院博士充满了浪漫的情怀，他的婚礼是在石油河畔举行的，他的儿子是在荒原上出生的，他信奉天降大任必先苦心志劳筋骨的古训，让爱妻带着幼子随队生活。翁心树成人后志愿到大庆参加会战，将一生献给了石油和荒原，父亲对他儿时严苛的教育不能不说是重要的因素。

测量队首次工作是测量酒泉东部盆地，绘制五万分之一比例的布加重力异常图和等磁力线图。他们的装备印记了那个战时拓荒时代的艰难：仪器是一部刚从美国购进的灵敏度为0.1米盖的重力仪和一部德国磁力仪。雇了两辆马车，一辆拉仪器，另一辆拉行李和生活用品，人坐车上。每辆车用三匹马拉，另有一匹马供乘骑。

蛮荒之地常有狼群相袭，但这正合翁文波的口味，他极喜狩猎，枪法令人意想不到的精妙。一次与12只狼相遇，他提枪带李德生、丛范滋跳下马车，迎着狼群冲去，用猎枪接连打死两只。回到南华村后，村民闻讯纷纷赶来，将狼舌头一片片割下，然后带回家贴在门上。据说狼看到同类的舌肉便不敢进门了。翁心树回忆说，他小时有一张狼皮褥子，妈妈告诉他是用爸爸打的两张狼皮做的。

进入酒泉中部测量时，既艰苦又舒心。这是一片举目无际的沙漠，但在沙漠中却有祁连山的雪水潜过地层在低洼处涌上来，汇成

测量队与裕固族牧民合影。照片应是翁文波拍摄的，因为唯一没有他的影子。

在河西走廊工作的重力、磁力勘探队。左一为李德生，车上的女士是翁文波的妻子冯秀娥。

李德生（右一）与裕固族牧民在明海测量区域。

在安西至敦煌间的戈壁上进行重力测量。李德生坐在地下观察重力仪。

一片被称作明海的湖泊。湖泊周围滋养着大片绿地，成为裕固族牧民的草场。湖中游弋着神秘而美丽的白天鹅，草原上放牧着肥硕的牛羊马驼，好像来到了世外桃源。此时，举国都在庆祝抗战的胜利，望着静谧安宁的景色，每一个队员都祈盼着这里能够建成一座油田，让裕固族牧民的未来更加美好。祝福真的都是相互的，在这里翁文波又打死了一只狼，为感谢他给牧区除害，裕固族牧民送给了翁心树一双绣花鞋。可能他们把白净可爱的心树当做女娃子了吧，用绣花鞋祝愿他未来的幸福。

完成了酒泉的任务后，测量队进入祁连山测量。山高天寒，翁文波再雄心壮志也不能把小心树带去了。虽然妻子与孩子没有进山，但翁文波和学生们从祁连主峰下采回一株小枞树作为新年礼物送给了冯秀娥和小心树，浪漫的翁博士用这株枞树像西方的圣诞树一样为除夕夜平添了诸多的浪漫。

测量队的年轻技术员们在翁文波家欢度了抗战胜利后的第一个除夕夜，一个新的时代即将开始了。

（照片中国科学院院士李德生提供）

卞美年发现新油层

　　照片上的三位骑马人是从玉门油矿前往青海进行考察的地质家，马上的英姿透着他们投身地质事业的自豪与坚定。他们在地质界都已是成就斐然的人物，野外依然是他们安身立命的处所。左边那位叫毕庆昌，大地构造学家；右边那位叫曾鼎乾，是中国海洋

卞美年在周口店。左起：裴文中、李四光、德日进、卞美年、杨钟健。

石油地质学的开拓者；中间这位便是此篇的主人公卞美年。还有一位更重要的人物在画面外，一定是他手持相机拍下了这张珍贵的照片——黄汲清，可冠以伟大二字的地质学家，大庆油田的发现是他一生中最重要的贡献。1941年8月，为了扩大玉门油矿的勘探范围，总经理孙越崎邀请黄汲清与他的助手到油矿，做甘青两省的地质调查。图中正是他们往青海的路上。

　　岁月流逝，卞美年因为久居美国已经不被人熟知了，但说他是周口店北京猿人的发现者，那一定会令你小惊一阵。不错，1931年春天他从燕京大学地质系毕业后受聘地质调查所，与当年的练习生贾兰坡骑着毛驴到周口店猿人遗址赴任，第一年便发掘出了"北京人"的右顶骨、下颌骨、股骨和牙齿化石。奇迹总是眷顾勤奋者，1936 年 11 月，在 11 天内他们连续发现了 3 个猿人头盖骨，顿时轰动了世界考古界。日寇占领北平后，他南下云南，在禄丰县首次发现并和古脊椎动物学的奠基人杨钟键一起，发掘了 20 多具恐龙化石，被命名为"禄丰龙"，揭开了我国恐龙研究的序幕。在古生物考古界他是个令人仰慕的大人物。

这样一位以研究古爬行类为主的地质家怎么搞上石油了？起因都源于孙越崎。孙越崎受命出任玉门油矿总经理后，深感初创的石油工业技术的薄弱，于 1941 年 11 月决定派遣各专业主管工程师赴美国学习。地质室主任孙健初奉命留学，必须找一位学术水平相当的地质家代他主持油矿的地质工作，恰逢卞美年随黄汲清到矿考察，孙越崎便邀请卞美年留矿。卞美年已被老君庙火热的建设生活

老君庙第一口深井一号深井。

219

所感染，见能为抗战做实际的奉献，欣然应允。

　　1942年5月，孙健初赴美。此时，油矿已经发现了K、L两个油层，但最深的井也不足500米。卞美年仔细研究了老君庙矿区的地质资料，认为L油层下还有油层存在。对更深油层的认识必须慎之又慎。为了获得技术支持，卞美年给师长翁文灏写信，阐述向更深地层钻探寻找新油层的道理。

　　成事者必是恒心与机遇的结合，幸运的玉门油矿在得到地质家卞美年援助的时候，从缅甸抢运回矿的两套美国30型钻机也修复配套启用，具备了钻探深井的条件。经过卞美年缜密的设计，1944年8月22日，老君庙一号深井开钻，1945年4月18日，钻至467.5米，发现16米厚的新油层；在504米处，又有新的油层出现；至658.48米，钻透新的油层，继续钻探，直到穿透白垩纪，井

1945年3月15日，由地质家卞美年设计的老君庙油田第一口深井，钻至467.5米时发现M油层。

深 902.92 米，试油投产。一个新的油层——M 油层横空出世！

新中国成立后，M 油层成为玉门油田的主力油层，大放异彩。

（照片台湾中油公司提供）

"国光"汽油助美机轰炸日本

　　这是 1945 年 8 月陪都重庆庆祝抗战胜利的照片，连绵不断的卡车满载着群情激动的青年，车下奔跑着喜气洋洋的市民；若细

看，画外街边定然还站满了同享胜利的人群。标语、口号、欢声、笑语，将这个英雄城市渲染得有如沸腾的大海。令人醒目的是，正中大楼墙上的那幅招牌"国光油品"，与欢庆胜利的民众相映成趣，记录了一个时代的沧桑。

由于玉门石油的涌流，还兼任四座煤矿总经理的孙越崎被大后方的民众戏称为"煤油大王"，这个"大王"极具商业思维，他壮志凌地要将玉门的油品像美国的"美孚"、英荷的"壳牌"一样闻名世界，为国争光。为此，1942年夏他亲自起名"国光"，并在重庆设立国光油行。

在海疆被封锁，燃油几近断绝的大后方油渴已极，玉门汽油一经上市，各方疯抢，可油料有限，只能由政府的液体燃料委员会作为战略物资统一分配。即便如此，各购油单位担心抢不到油，还要自己备车跋涉两千余公里，到荒凉的玉门提油，甚至先付油款再等油提货。油矿的售油处成为老君庙最热闹的地方。

这种供不应求的场景，不能不让我们联想起这幅照片上"国光油品"的招牌。其实，它对鼓舞大后方军民抗战斗志的意义，远远超过招商的作用。

"国光"汽油主要供应军方，有力地支援了抗战前线。

1942年夏，日军计划从山西风陵渡强渡黄河，战略攻占陕西，越秦岭，从后方进攻四川，妄图据此灭亡中国。值此大战之际，根据反法西斯同盟国家的《联合国家宣言》，苏联援华的大批重型武器从新疆入境。一天，玉门油矿到酒泉办事的职工，乘车在向距油矿三十余公里的兰新公路路口走时，蓦然发现兰新公路上停着望不到头的卡车车队。这正是运输苏联军火的汽车。根据命令，玉门油

玉门油矿满载汽油的卡车。

矿供应了这支军火车队的所有汽油，使这批军火急驰数千公里运输线直抵黄河风陵渡前线，阻挡了日军的进攻。

　　1944年，美国援华飞虎队指挥官、中国空军参谋长陈纳德将军呼吁美方制定轰炸日本本土的计划，半年后，美军参谋长联席会议批准了这一计划，由驻印度加尔各答第20轰炸机司令部和陈纳德领导的第十四航空队实施。为缩短航程，轰炸机要先进驻处于前线的成都机场。第20轰炸机司令部的指挥官向陈纳德提出，必须在机场储备足够多的汽油，大批战机才能从印度启程。6月中旬，79架B-29空中堡垒轰炸机陆续飞抵成都机场，美国人发现机场上的油桶除了美孚，竟还有产自中国玉门的油桶。此次行动拉开了对日反击战的序幕，先后轰炸了日本本土和中国东部沿海鞍山、唐山的日军钢铁、煤炭基地，极大地震慑了日军的侵华气焰，中国战场从此走上了胜利的坦途。

玉门油矿在对日本侵略者的反侵略战争中作出了实际的贡献。

（照片台湾中油公司提供）

【链接】

资　料

　　玉门油矿抗日战争时期，自 1939 年开发至 1945 年底，共生产原油 255545.593 吨；提炼汽油 37092 吨，煤油 15629 吨，柴油 2249 吨，有力地支援了抗战。

戈壁驼队

　　塞外风光是断不了驼铃声的，它将大漠的凄凉与荒蛮都湮没在浪漫的情怀中，只有生活在其中的人，才能体味到驼铃声中的艰辛和温暖，因为只要生存就离不开骆驼，只有它能够为你负重，让你抵御荒漠极端的干旱、寒冷与风沙。石油河畔的驼队没有多少故事，但每一个故事都有着驼队的影子，因此，驼铃总是梦缠魂绕在

老油人的记忆中。

是驼铃声引导着油矿先遣队的严爽、孙健初们叩响了老君庙的庙门，唤醒了沉睡的石油河谷，随后，又驮着一队队的石油人来到石油河畔安营扎寨。一号井的主管工程师董蔚翘晚年回忆玉门的生活，对初赴老君庙的骑骆驼依然记忆犹新，他写道："（冬日）一天的午餐后，大家各骑着一只骆驼，带着用品粮食等，浩浩荡荡由酒泉出发，一步一步地向石油河前进。骑在骆驼背上时间长了，脚冻得非常麻木，要时常下来活动活动，恢复温暖后再骑上去。天色已黑才到嘉峪关，住在骆驼店，粪尿臭气随处四溢，晚上吃顿面疙瘩汤，然后睡去。"他们下榻的是骆驼店，而不是马车店，可见骆驼

建矿初的主要运输工具——骆驼运输队。

玉门油矿骆驼运输队。

行走在戈壁上
的驼队。（高士摄）

油矿运输课长李誉柱、妻子帅蕴之和他们的孩子。（帅蕴之提供）

在塞外的重要性。

　　初进老君庙，没有骆驼是寸步难行的。茫茫戈壁没有道路可通，所有的物资全仰仗骆驼一点点地从酒泉运来，甚至连做饭的木柴和煤都要靠它驮运到老君庙；来往酒泉、老君庙，更需骑骆驼出行。驮运队成了玉门油矿最早的运输机构，骆驼也成了最早的运输工具。

　　1939 年 3 月，油矿有了第一部汽车，负责运送职工的生活给养，其他工程用料还需骆驼和牛车、马车输送，即使在矿区内，也由畜力搬运。孙越崎说，石油河与祁连山的煤是上帝赐给中国石油工业的两件礼物，如果没有这两件东西，玉门油矿就开发不了。煤是油矿开发之初唯一的燃料，山中有煤，却因为没有道路，只能用骆驼和毛驴驮运。石油河的水本是油矿天赐的水源，可因为开发初期缺少管材，也只能靠骆驼驮运到河谷上面的工作和生活区。骆驼真成了油矿的生命。

　　油矿再发展，原油涌出来了，炼厂开工了，可依然由于战时缺少管材，原油从井场往炼厂运输，还是需要骆驼和马的脚力。尤其到了冬天，冰雪覆地，寒风砭骨，砂石扑面，原油凝固，马车上下河谷坡道极为困难，骆驼更成了运输原油的主力。

　　再后来，道路修通了，输油管道铺上了，饮水工程建起来了，石油城也耸立在了石油河畔，我们劳苦功高的骆驼却渐渐少了身影。当抗战胜利的时候，第一代石油娃已经把偶尔出现在油城街上

童宪章的妻子徐忆时抱小儿在骆驼队前留影。（童宪章摄）

的骆驼当做稀罕的动物围着欢呼雀跃了。

只有老油人忘不了驼队那动听的铃声。

（照片台湾玉门老油人刘话难提供）

第五篇
戈壁石油城

明月出天山，苍茫云海间。

长风几万里，吹度玉门关。

　　每逢咏读李白的这首《关山月》，西北大漠的苍凉与沉寂便像凄楚的乡愁撞击着心扉。或是丝绸之路的记忆，才让人们感到它的遥远和迷茫。流失的岁月令它像一头沉睡的狮子，伴着民族的沉沦长眠不醒。

　　当玉门油矿先遣队的驼铃叩开石油河畔老君庙的山门时，谁能想到仅仅五年，祁连山下的戈壁滩上便出现了一座石油城！

　　它是中国人在世界的东方创造的奇迹。

　　是日寇的铁蹄惊醒了睡狮！

　　　　　　　　　（家属院照为童宪章之女童华育提供；
　　　　　　　　　　办公院照为单喆颖之子单玉相提供。）

"引花入矿"

　　别看戈壁的风沙大，石油的色泽黑，脱去工装石油河畔就会展现一条俊男靓女的风景线。这是张摄于1944年的照片，那四个极具气质的美女若不是身后简陋的房墙，你一定以为她们是哪个大宅门的小姐。的确她们在家都是小姐，但此刻她们已经是祁连山下戈壁滩的主人。前排中间的叫崔越阿，西北联大毕业后，到油矿找她的恋人史久光完婚。新中国成立后，她出任石油工业的第一份报纸《石油工人报》的首任总编辑。后排那位叫徐和生的美女更不简单，她从四川大学毕业后，被油矿总经理孙越崎"引花入矿"从重庆招来，后来嫁给了才华横溢的炼油工程师何俊英。前排左边的叫方丽中，右边的叫李光琳，是与徐和生同车到矿工作的好友。

"引花入矿"是怎么回事？

随着甘肃油矿局的成立，来油田的大学生也来越多，不过，男职员大大超过女职员的现状叫总经理孙越崎操心不少。要想让恋爱期的青年们安心大西北的建设，不给他们配上足够多的女孩子是不可想象的。于是，孙越崎到重庆找到他的老师邵力子的夫人傅学文，请她在她创办的重庆女子职业学校中，挑选肯立志建设大西北

杨舒与戴世瑾九旬伉俪合影。（杨舒提供）

的学生到油矿工作。

得到傅学文的支持后，孙越崎亲自到职业学校招聘女生。老君庙油矿已经闻名大后方，敢于到戈壁滩工作的青年们也被姑娘们当做英雄一样看待，因而报名踊跃，但孙越崎极为"挑剔"，一个个的过目询问，被挑中的不仅未婚、有报国的信念，而且个个漂亮。

孙越崎把这一办法叫做"引花入矿"。在姑娘们到来前，他在油矿的集会上用诙谐的语言宣布："我将于最短期间内选派大队小姐来矿工作，这一举措纯系'救济'与'补给'性质。希望单身同仁，尤其是工程师们，务必把握此一难得机会，努力争取佳偶，切勿任其'放空'，否则不辜负我一番苦心，而且也是光棍们的耻辱。"

众"花"一到，整个矿区立时热闹起来。光棍们平时懒得梳理，一身油光光的工服成为他们自豪的形象，现在都把压在箱子里的西服翻出来，把脸上的胡子刮得锃亮，平时的粗话也不见了，汽车一到蜂拥而上，几个人抢着为一个姑娘搬行李，极尽讨好之能事。姑娘们安顿下来后，光棍儿们一下班便打听姑娘的行踪，然后围上去献殷勤。有家的都感慨女人的魅力真是不可思议。

孙越崎对来矿的众芳极为照顾，工作任她们挑选，而且上班后若不满意还可以调换。这让各单位的主管很伤脑筋，好不容易分得一位，常常又被其他单位抢去，使得光棍儿的追求之风愈加激烈。

如何接触姑娘是需要"技巧"的，一是"赖皮"，棒打不走，不理睬更不走，否则只有退出。一位井场工作的王兄，内向胆小，斗胆给小姐做一蛋糕庆生，到门前却不敢迈步，惹出一个"七进七

74年前老君庙庆祝三八妇女节的女人们。里面许多都是"引花入矿"来的学生。（杨舒提供）

出"的笑话。二是投其所好献殷勤。矿区太大，汽车又少，从矿长严爽开始都用马匹代步，骑马之风盛行。众花在重庆哪骑过马？对此兴趣甚浓。光棍儿们探知后，便为追求的姑娘牵马坠镫，招引他们开心。姑娘要是生病，更是光棍儿们求之不得的事情，窗前伺候尽展惜香怜玉之心。现在台湾还康健的中油公司副总经理杨舒，当年正是英俊翩翩的少年郎，恰逢追求的戴世瑾小姐患盲肠炎，他便到油矿医院侍奉三天三夜，感动了戴世瑾，与他结为百年好合。这一对九秩老人现在台北依然享受着恋爱的甜蜜。

让人欣慰的是姑娘们不势利，对办公室工作的青年并不看重。姑娘们来矿时由秘书室派员接待，得到接待差事的正是个光棍儿，近水楼台应该先抢得头花，谁料到头来竹篮打水一场空。究其原因，这些金枝玉叶将目光都投向身染油渍满身黄土工作在生产一线的技术人员。他后来感慨地说："拿笔杆子的怎能跟拿'榔头'的比。"

（照片徐和生提供）

一块珍贵的婚礼签名绢

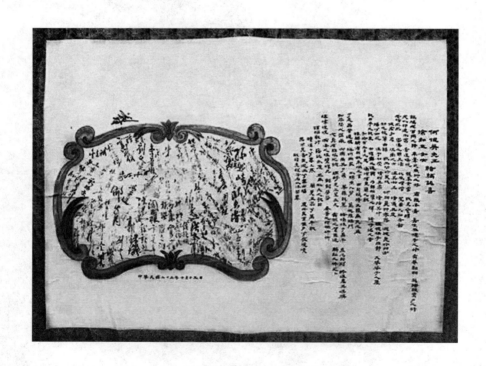

    这是一块珍贵的婚礼签名绢，说它珍贵，是因为上面的签名者
几乎囊括了玉门油矿当时所有的组织者和工程技术人员，在其后的
岁月里，他们均成为海峡两岸石油工业的中坚。

新郎叫何俊英，我国炼油工业的开拓者之一，1915 年生于上海，毕业于杭州之江大学，1938 年进入资源委员会后分配到金开英领导的"植物油提炼轻油厂"研究室。在工厂一点点炼化的设备都没有的情况下，他先后设计并制造出单独釜和常压釜，使植物油提炼轻油成为现实。1940 年 2 月，何俊英承担了设计制造玉门油矿嘉峪关炼油厂炼油设备的任务。时逢日本的飞机轰炸重庆最厉害的时候，何俊英不顾个人安危，在警报声中坚守在设计室和制造厂，直至炼油装置制造出来。何俊英在新中国成立后曾任石油部基本建设副总工程师，"文革"后到安庆石化总厂任总工程师。

新娘叫徐和生，1942 年毕业于四川大学。这一年甘肃油矿局局长孙越崎为了让年青的大学毕业生在戈壁滩上安心工作，在重庆

何俊英与徐和生的结婚签名绢。

动员年轻的女学生毕业后到玉门工作，与先到矿的男青年配对成双。此举被矿上职工戏称"请花入矿"。徐和生就是这批到矿的女生之一，与何俊英结为连理后，无论荣华与逆境，一生追随先生在石油战线转战各地。

婚礼是 1944 年 10 月 15 日在老君庙祁连别墅举行的，玉门油矿的各级主管、工程技术人员、机关工作人员，除孙健初、邹明、翁心源出国学习外都来祝贺。因为何俊英信仰基督教，虽然新娘不满意，还是依照夫君按基督教的形式举办了婚礼。

仪式中有一项是来宾在白绢上签名留念。这个签名绢四周花饰为手绘，墨勾线填色，签名右侧是隶书体贺词，很是精致，从中可看出当年的玉门油矿虽然物质匮乏，但人才济济。签名者约计一百余人。新郎新娘签名居中，来宾的签名不分职务大小围在四周。女宾中翁文波的夫人冯秀娥、詹绍启的夫人殷正慈签名距新郎新娘最近，而总经理孙越崎、矿场场长严爽的签名在右上角，炼厂厂长金开英签名在左下角。

签名者中——

从抗战胜利后的领导者看：

有我国现代石油工业的开创者孙越崎、严爽、金开英，以及邵逸周、郭可诠。抗战胜利后，孙越崎任国民政府经济部部长、资源委员会委员长；邵逸周任鞍山钢铁公司总经理；严爽、金开英、郭可诠任中国石油公司协理。孙越崎率资源委员会起义，为新中国立下了不朽的功绩。

从 1949 年以后在海峡两岸的工作情况看：

祖国大陆方面：有原民革中央名誉主席、全国政协常委孙越

何俊英与徐和生的结婚照。

崎；石油总局副局长严爽、郭可诠；中国地球物理学的奠基人翁文波；新中国第一位石油总地质师陈贲；中科院院士童宪章；大庆会战八大工程师的史久光、张家琪；著名地质学家杜博民；最早测绘玉门油矿地质图的靳锡庚；著名炼油专家龙显烈、蔡伯民、金开斌，以及陆天安、高世钧、姜辅志、向斯达等。

我国台湾方面：有中国炼油第一人、台湾石油工业的奠基人金开英；经济部门负责人李达海；台湾石油公司董事长董世芬；台湾中油钻采工程的开拓者董蔚翘；台湾石油公司副总经理吴德榌、虞德麟、江齐恩、杨增梯；总地质师张锡龄；著名炼油专家冯宗道，以及李林学、姚恒修、夏如钧、丁祥照等。邵逸周因其曾任武汉大学工学院院长，在武汉大学设"邵逸周先生纪念基金会"。在台老

243

油人都是拥护祖国和平统一的爱国人士，为海峡两岸石油界的交流和协作做出了积极的贡献。

旅居美国：有参与发掘中国猿人头盖骨的著名地质学家卜美年。

这张签名录现收藏于玉门油田博物馆中，它记录了抗战时期中国石油工业的一段历史。

（照片徐和生提供）

引得春风到油田

　　这幅饱含沧桑感的照片，细品犹如一幅拟古的水墨农耕图，高空下是缥缈的远山，远山下是早春的树木，树木前是广阔的农田，农田上是绿意盎然的菜蔬。若不点明，你如何也不会想到这是抗日战争时期塞外荒原上的景色。它是玉门油矿的嘉峪关农场，也是大实业家孙越崎的精心杰作。

　　孙越崎 1941 年走马上任后，遇到的第一个难题不是勘探不是炼油，是老君庙骤然涌入 6000 职工的吃饭问题。戈壁荒原上的油矿就是一座寸草不生的孤岛，一粒米都要从外面运来。他到省府交

赤金农场的农艺师和他们种植的树木。右二为农艺师于学业。（于学业提供）

涉购粮，人家严明战时军需，划定油矿只能在河西几县收购。至于蔬菜，河西走廊地瘠民贫，少水缺田，自古就有不吃菜的习惯，自然无菜可供。面对困难的现实，孙越崎胸中涌动出排除万难自办农场的谋划。

战时虽然艰难，但各类人才汇聚大后方，有如龙困涸泽，都想找到一个弄水施雨的场所。孙越崎聘请甘肃省农业改良所所长、中国畜牧学的开拓者汪国舆做规划，汪国舆欣然应允，带上他的高级部属缪炎生、焦龙华到玉门考察，写出了一份《农场创业纲要》。孙越崎大喜，再请汪国舆帮助开办农场，汪国舆留下缪、焦二位。

在大漠中办农场谈何容易？可在恶劣的环境中开垦农业，正是缪、焦两位农艺家的理想。他们很快从后方各地招募了一批农学院校毕业志同道合的大学生，在有水源的嘉峪关买下了几百亩荒地，

246

试种下白菜、土豆、大豆、杂粮，接着又办起赤金、酒泉、老君庙三个农场，不仅种菜，还培育了果树，开办了鸡场、鸭场、猪场和奶牛、奶羊场。

1944 年，农场生产的大白菜已可满足油矿职工家属近万人的需求，每天还可供应 1—2 头猪和羊，200 个鸡和鸭蛋，专供孩子和病人的 200 磅牛奶和 50 磅羊奶，每年还可供 2000 斤桃子。

令矿上员工想不到的是，办农场的这些书生还有农艺的学问，既然在戈壁上成功地办起了农场，何不将农艺也在这荒原上展示一下？还要感谢孙越崎。赤金农场旁有一座北魏建的红山寺，虽颓败佛还在洞窟中。小伙子们修整了佛堂，平整了庭院，还遍植了花草。孙越崎来视察农场，不但没有批评他们不务正业，还做了"重要指示"：把农场建成花园，叫职工有个消遣休息的场所。小伙子们好不兴奋，一年后，不仅搞出个"赤金八景"，各个农场都绿树如荫，花团锦簇。节假日一到，职员便携家邀友到农场游耍，连青年人恋爱都有了牵手私语的去处。

无绿的老君庙常让幼小的孩子把初见到的树木叫做"花"，为

玉门油矿矿区检查站前栽种的第一批树木。

玉门油矿赤金农场办公处门前。左二为农技师于学业。（于学业提供）

它的高大而惊叹。孙越崎决心将矿区变成花园式的城市，他下令开办老君庙农场，专事培育树苗，绿化矿区。物资匮乏的战时在戈壁砾石层上栽树不啻农艺学的奇迹，可年轻的农艺师们把这当做挑战自我的试验场，经一年辛劳事竟功成。

1944年春，老君庙栽下的第一批树苗发芽了，绿色开始渲染了矿区，渲染了戈壁，也渲染了荒漠中的石油人。

没有赋诗雅趣的孙越崎也欣然吟句：

关外荒漠接连天，出关人道泪不干。
运沙移土植杨柳，引得春风到油田。

（照片台湾玉门老油人刘话难提供）

　　抗战胜利后的第一个元旦，玉门油矿农场职员合影。下图是农技师于学业（后排左四）在照片后面的记述。（于学业提供）

塞外梨园声

　　看到这张照片，你一定以为是在重庆，或是大后方哪个城市的剧院，如果是位话剧行家，还会说出这是陈白尘的讽刺名剧《升官图》。如果是这样，那就更显老君庙这座石油城的艺术氛围之浓厚了，因为这是油矿"塞上话剧队"的剧照，那份儿地道的装扮实在让人折服。

　　老君庙的戏剧活动从一号井喷出油后就开始了，油矿正式开发后，大批青年涌入老君庙，青春躁动的心到了这样一个荒芜枯燥的世界，太需要艺术的平抚，于是自发的文娱活动便像春雨浇淋的小草，从荒芜的大地上破土而出。先是机厂几位北方的小伙子，只是凭着喜好哼几口平剧（京剧），就按捺不住寂寞的心，凑到一块儿排戏演出。很快引来一位钻井工程师卢克君，他在北平读书期间曾捧银向名角谭富英学过戏，正经的半个行家，又会胡琴，还能担当导演。这样平剧社的戏班子算是搭起来了。

第一次演出是 1940 年冬天，在油矿最早建设的职工"圆门宿舍"内临时搭台，戏码是《捉放曹》、《苏三起解》。演员大部分是技工，可见艺术的魅力。机厂技工领班于怀需戏瘾极大，但有一短板，戴上头盔就发不出声，一出《法门寺》的九千岁，上台唱了三次都无奈下场，最后导演想出妙法，让一人躲在他的身后一同上场，待他开口时给他扶住帽子，果真顺利地唱出。虽洋相多多，却乐此不疲。

总经理孙越崎懂得在这荒原上，年轻人活跃的欲火不因势疏导，喷出来了就是"火灾"，因而全力倡导开展业余文艺活动，而且亲力亲为。1942 年中秋正值"为 180 万加仑"奋斗的关键时刻，他组织起联欢晚会，上场来了段绍兴大板《包兴送书》，虽少有听懂，但掌声依旧。

初始，平剧团的演出到处打游击，后来在孙越崎的支持下，到油矿医院后面空地上用砖砌土填筑成一个戏台，再干打垒修个一米多高的围墙，戏台下用土坯砌成一排排的座位，一个露天剧场便建起来了。玉门少雨，土剧场也就经久耐用，直到员工俱乐部落成后，才搬进名副其实的剧场。对娱乐饥渴如涸的员工，露天剧场成为他们最迷恋的去处，夜晚只要有演出，便灯火通明，人涌如潮。

史上最美的蘩漪——隋富珍93岁照。

好在塞上话剧队、秦腔社相继成立，节目也丰富多彩起来。

老君庙的话剧是应该大书特书的，缘于它与重庆为中心的大后方战时话剧运动一脉相承。其时的话剧已成为抗战救亡文艺的最高形式，话剧社的演员虽是业余的，但都是为抗战到大西北奉献石油工业的热血青年，用话剧鼓舞油矿职工坚守荒原为前线生产汽油，自然成为他们精神的追求。

塞上话剧队演出的剧目大多是战时重庆最火爆的名剧，如：《雷雨》、《日出》、《原野》、《风雨夜归人》等。为提高艺术质量，矿上特从重庆聘来一位艺专毕业的学生作指导。1943年8月，曹禺到西北采风，慕玉门油矿之名，特意到老君庙参观。到矿后听说油矿有话剧社，并且还演了他的作品，高兴极了，参观之余亲赴塞上话剧队简陋的排练场地指导他们排练《雷雨》。话剧队最后一位谢世的演员叫隋富珍，是炼油工程师金克斌的妻子，富家女子，从北平流亡至西北，因为一口京腔，被大伙儿拉着上了台演蘩漪。她是油矿出名的大美人，被称作史上最美的蘩漪。2012年笔者采访她时，93岁了还透着高贵典雅的气质。她回忆说："曹先生来给我们指导，简直跟做梦一样。"

秦腔更为油矿大众喜欢，因工人绝大多数都是甘肃人，从陕西汉中流传到甘肃，变种成甘肃梆子，高亢中又有了戈壁上的嘶吼与长啸味儿，演员在台上唱，台下便会响起一片呀呀的附和声。孙越崎虽不喜好秦腔，但也全力支持，批资金到西安购买了两具盛满戏装道具的戏箱，还聘请著名秦腔演员到矿指导。

矿上还有合唱队、秧歌队，这令老君庙的假日越发的精彩热闹。

艺术真的像空气一样无孔不入，为这座戈壁之城增添了说不尽的欢乐与享受。

（照片玉门油田提供）

八卦房的欢笑

  欣赏这张照片心情是愉快的，阳光下不仅仅看到了荒原上新一代的诞生与成长，而且每一位大人的脸上都洋溢着笑容，仿佛笑声就荡漾在小院里。

  这个小院叫八卦房，是油矿为高层主管眷属建的宿舍，东西两组，每组四排，每排两家，排列得就像八卦符，便被员工起了这么个神秘而又堂皇的名字。其实房子都是干打垒的土房，若一年不抹泥维修，墙面就会斑驳败旧。由于物资极度缺乏，窗户没有玻璃，都是纸糊的，屋里不开灯即使白天也是一片阴沉。

认识一下照片上的人物吧。后排左一是主持地质室工作的著名地质家卞美年，左二是翁文波万里寻夫的妻子冯秀娥，左七是炼油厂厂长金开英，左八是矿长严爽，左九是钻井主管董蔚翘。前排的孩子们，左一是严爽的小儿严济盛，左二是翁文波的儿子翁心树，左五是严爽的长子严济洪。中排左二的女孩儿是油矿聘的美国采油技师贝勒的女儿。这犹如玉门油矿掌门人的一场家庭聚会。

这幅照片的主人是童宪章，他的女儿童华育提供给写作者时，他已去世20年，74年前抗战时期的人物、背景童华育完全处在无记忆中。对照片内容的查证着实令写作者费了心思。经过20余年的采访、研究，对玉门油矿主要人物的辨认是无须费力的，几位孩子也通过采访翁心树、严济洪得到确认。但在照片天头处所写的英文意为："1942或1946勘探人员在玉门油矿"，说明照片是他人所赠，并且时间不确定。如此，我们需要查证时间了。

孙越崎主持玉门油矿后，为改变油矿技术落后的状况，1942年聘请美国钻井技师蒲舒来矿工作，经两年的培训指导，油矿钻井技术进步神速。蒲舒两年期满回国后，又聘采油技师贝勒来华，1944年春携家眷到矿。此照有贝勒子女，时间应不早于1944年春。

董蔚翘1942年被资源委员会派遣赴美国学习石油钻采技术，1944年8月学成回国，抗战胜利后又于1945年10月赴东北参加接受敌产工作，因此，此照拍摄时间不会早于1944年8月，迟于

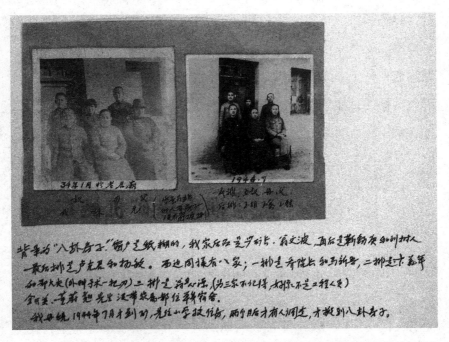

两张照片是机厂主管工程师单喆颖与家人的合影。下面文字是单喆颖儿子单玉相对当年生活的记述：背景为"八卦房子"，窗户是纸糊的。我家后面是严矿长、翁文波，再后是靳锡庚和刘树人。最后排是卢克君和杨敏。西边同样有八家，一排是乔院长和马新吾，二排是卞美年和郑大夫（外科手术一把刀）；三排是翁心源（另三家不记得，好像不是工程人员）。金开英、董蔚翘先生没带家属都住单身宿舍。我母亲1944年7月才到矿，先住小学校住房，两个月后才有人调走，才搬到八卦房子。（单玉相提供）

1945年10月。

卞美年因为发现周口店中国猿人，八十年前是轰动一时的名人。1942年初，油矿地质室主任、中国石油地质学的开创者孙健初派往美国学习考察，总经理孙越崎急于找到一位可与孙健初学术水平匹敌的地质家主持地质室工作，恰逢卞美年随地质家黄汲清到西北考察石油，考察队到玉门后，孙越崎便提出请卞美年留矿，卞美年慨然应允，但这年11月，他又随黄汲清到新疆考察石油，至

256

1943 年 5 月方结束，因而他到矿任职应在此后。还应注意的是卞美年与妻子都是美籍华人，孙健初 1945 年 6 月从美国归来后继续主持地质室工作，他的任务便已完成，所以抗战胜利后他就携家离开油矿，不久回到美国父母家中。这样，照片问世最迟的时间应在 1945 年 10 月前。

金开英 1945 年 11 月被任命为台湾石油事业接管委员会主任，赴台湾就职。严爽于 1946 年 6 月 1 日被任命为中国石油总公司协理（即副总经理），离开油矿赴上海就职的时间更晚。

翁文波的儿子翁心树应是个更准确的参照物，他生于 1942 年，照片上是三岁的模样。再参照图中的穿戴，老君庙地处大西北，海拔两千四百余米，从 10 月到第二年 4 月都要穿棉袄，照片中穿的是秋天的衣服，因此不会晚于 9 月。这样，我们可以确定此照的时间是日本战败投降，全国都沉浸在抗战胜利喜悦中的 1945 年 8 月中下旬。这个时候的聚会是不能不笑声盈天的。

说说笑声中的故事吧。

被授予"中国炼油第一人"的金开英躲在最后，嘴角微露的笑似在掩饰对小院其乐融融景象的羡慕和丝丝的酸楚，目光也流散着愁绪。他不是八卦房的主人，由于上海八一三事变后，战况迅速恶化，来不及回北平搬迁家眷，他只好一人领命，带地调所同仁迁移到大后方。因为独身一人，他主动将八卦房的房子让给带家眷的属下，自己住进单身员工专属的圆门宿舍。因为房子短缺，他干脆将办公室也搬进了他的住房。抗战胜利了，他触景生情更加想念他的老母、妻子和孩子，目光中怎能不含着多种复杂的情感。

已是油矿钻井绝对权威的董蔚翘也不是八卦房的住客，和金开

这也是一次八卦房的假日聚会。前排左三是董蔚翘。从这张照片可以更清楚地看到八卦房的面貌。全油矿最好的住宅不过如此，可见油矿上下员工差距之小。

英同在圆门宿舍。日本人占领东北后，他只身进关投入石油工业，追随翁文灏、孙越崎，上陕北高原，闯川东丛岭，远赴西北荒漠，成为辛亥后足迹踏遍民国油矿唯一的石油人。抗战胜利后随孙越崎到东北接受敌产方与家人团聚，但妻子已去世两年。晚年他在台湾撰文回忆这段生活："只身流浪于陕北、四川及甘肃老君庙的探油营地，偶尔向沦陷区的家乡通次信，也是心惊胆战，唯恐家中受日人为难。""自从家乡沦陷，逃亡内地已十余载，一旦回到家中老少团聚，畅叙离怀，真是苦乐悲欢，百感交集。"他此时从美国留学回矿，事业如虹，笑是自然的，但细品他的笑容，在鞯然中总能体味出一种离神万里去国怀乡的情愫。他是在想念妻儿吗？一定。

最为高兴的是卞美年，中日战争爆发后，他与家人虽然颠沛流离，但地质事业没有因战火而停滞，云南禄丰恐龙的发现让他获得了世界声誉，令世界慨叹中国科学家面对侵略者的疯狂进攻，仍在坚持科学工作的献身精神。在玉门油矿他探索发现的 M 油层，更为抗战中的祖国做出了巨大的贡献。他最大的幸福是，玉门油矿虽然艰苦，却给了他与妻儿一个安定的家。他的妻子叫罗文湘，英文名戴诗，是夏威夷美籍华人，育有两个儿子，卞美年应聘后，全家迁到老君庙，住进八卦房。半个世纪后，众多的玉门老人在采访中回忆说，卞美年夫妇有着北美人的豪爽性情，待人热情好客，独身的年轻人假日时最喜欢到他家做客，无论何时来访，戴诗总是端出家中最好的东西招待客人。因是外聘专家有特供，年轻人时不时还可以吃到戴诗做的烤蛋糕、烤乳猪、嘎嘎鸡。戴诗比卞美年长一

大庆会战八大工程师之一的史久光和曾任玉门《石油工人报》首任总编的妻子崔越阿与女儿在自家房前休息，阳光下其乐融融。史久光时任矿场工程师，所住为甲种住宅，亦是干打垒的房子，墙皮也已脱落。

岁，同仁便常向卞美年开玩笑道："女大一，甜蜜蜜。"随后卞美年就会美滋滋地笑个不停。抗战胜利了，他完成了一个华夏儿女抗战报国的心愿，终于可以远渡重洋与父母团聚，如何不喜上眉梢。由于玉门老人几乎都到天堂聚会去了，在世的二代老君庙人当年太小不能辨认照片人物，所以戴诗与她的两个儿子明知在场，作者也不敢贸然写出。

照片中少谁呢？这样轻松的高层家庭聚会，难道地质家翁文波还在野外不成？他可是考察也要带上妻子儿子同行的。无论怎样推测，翁文波都应该在聚会现场，唯一的解释就是，此刻他正端着相机给大家拍照呢。玉门油矿再没有比翁博士更痴迷摄影的了，他绝不会错过这样的镜头。

画面外的翁文波是八卦房笑得最开心的人。

（照片童宪章之女童华育提供）

【链接】

为什么没有冯玉兰的身影

冯玉兰与严爽的结合，因为是毛泽民和高登榜撮合的，所以冯玉兰成为笔者研究的重点对象，棘手的是，虽然收集了数百张玉门油矿相关的老照片，虽然采访的老油人都回忆过她和严爽的故事，却找不到一张她的照片，即使她的延安女儿严知本、长子严济洪，也没有她的照片，致使只听说她是个美人，却无法在脑中形成她的相貌。当笔者从童华育手中获得这张八卦房聚会的照片时，心中倏然升起一线希望。照片上有她的丈夫和两个孩子，又是邻居好友间的家庭聚会，一定在陌生的女人里有她。首先严济洪否定了她的存在。笔者不死心，毕竟冯玉兰去世时严济洪才7岁，于是又联系了孙健初的儿子、原中科院副院长孙鸿烈辨认。严、孙因为携手首赴玉门老君庙而成为莫逆之交，1944年，孙鸿烈与严知本都在酒泉读书，他是在世者中最熟悉冯玉兰的人。遗憾的是，孙鸿烈坚定地说，没有冯玉兰。

但孙鸿烈解释了冯玉兰没有出现在照片上的原因：她生长在陕北延长，朴实得很，不愿意参加热闹的事。如此，她在笔者心中树起了形象。

1946年6月1日，中国石油总公司在上海成立，严爽被任命为协理（即副总经理）。总公司成立前，严爽就准备到上海参加筹备，因冯玉兰已怀孕待产，难以长途跋涉，便没有前行。拖至七月中旬，冯玉兰因身体过于胖，发生难产。最后实施手术，依旧回天无力，冯玉兰与胎儿同赴黄泉，令矿上共赴国难建设荒原的同仁与家属悲痛不已。

安葬好冯玉兰后，于 8 月底，严爽携济洪、济盛两个抗战儿子和延安女儿知本赴上海到职。严爽在上海与原配夫人和两个女儿团聚，一家七口欢聚一堂，终于结束了战争的颠沛流离。

但冯玉兰仍是笔者最感泣然的人物，她在严爽最艰难的时候挽住了他的臂膀，而她的死似乎就是为了严爽在上海的团聚。

杂谈运动会

1942年11月18日

甘肃油矿局三十一年度冬季运动大会拔河亚军队十一月十八日

　　看看照片上这支拔河队的队员，名副其实的油人，左边排头那个队长尤其的黑，不指明你一定以为他也是来做钻工的戈壁的孩子，其实他是个成就斐然的地质师，"陆相生油"理论的创建者中就有他的名字，新中国成立后出任首位石油总地质师。

他叫陈贲，此时已是老君庙中共党支部的秘密党员。右边排头的翩翩公子叫吴德榈，矿场助理工程师，因为充当摇旗呐喊的指挥，所以穿戴整齐了。抗战胜利后，他奉派台湾接收敌产，成为在台钻井勘探的老总。弥足珍贵的是，照片正中队员撑起的矿旗上是玉门油矿的矿徽，如此清晰的展示为我们提供了坚实的史料。

　　1942 年 11 月中旬，180 万加仑的生产任务提前完成，老君庙不仅召开了祝捷大会，而且举办了规模最大的运动会。比赛的项目有篮球、排球、足球、乒乓球和拔河，还有武术表演。最热闹的是足球和拔河，尤其拔河，由于油矿工人大都来自西北农村，不懂足球，因而对角力竞技的拔河更为喜欢，哨声一吹，全场地动山摇，

油矿 1942 年冬季运动会上，炼厂足球队获得冠军。前排左一为杨增梯，左二为詹绍启。二人均曾任台湾中油公司协理。（刘话难提供）

场上赛者力用得血脉偾张，场下观者呐喊得面红耳赤。随着被拉得人仰马翻的输者过线，又是一片叹息，一片欢呼，数千员工家属都乐成了孩子。

陈贲带领的矿场队最终屈居第二，但陈贲依然富有成就感，因为培训这只拔河队费尽了他的心思。钻工还能没有把子力气吗？可这种运动竞技的文明还是第一次吹进他们的耳膜，从一千多钻工中挑出二十个最有力气的并不难，难的是教他们如何随着哨声全队形成合力。那真是教小孩使筷子急不得，从握绳的姿势，到脚掌的站位，一个个的比画示范，能最后斩获亚军实属不易。

足球赛是矿场与炼厂的较量，因为来矿的青年大学生基本都就职于这两个部门，在这个戈壁荒滩上的矿区世界里，他们是唯一的球员来源。矿场啦啦队队长是钻井工程师卢克君，炼厂啦啦队队长是第一炼厂主任谭世藩。双方踢得激烈火爆，毫无优劣之别，将上半场踢成 0 比 0。下半场依然难分难解，踢到只剩下十分钟时，矿场队中锋地质室 23 岁的工务员张锡龄突然发力，断球后冲过中线，盘球如入无人之境，直捣炼厂球门，在约二十码之地起脚长射，应声破门，守门员竟无反应。结局 1∶0，矿场获得冠军。晚上，矿场为球队举办庆功宴，卢克君工程师特向张锡龄敬酒，道：“全场只剩十分钟，兄一记长射破门，真猛张飞也！”从此，“张飞”成为张锡龄的绰号，从老君庙一直叫到宝岛台湾，30 年后他已出任台湾中油公司总地质师，吴德楣拿起电话还是叫他“张飞”。

运动会进行了半个多月，全矿职工也狂欢了半个多月，将职工完成 180 万加仑任务的高涨情绪，又带入 1943 年的工作中。

油矿冬季的滑冰场。（中国石油大学张家环摄）

机厂厂长单喆颖在运动会上表演武术。（单喆颖之子单玉相提供）

抗战胜利后，油矿武术队欢送教练单喆颖工程师赴东北接收日产。（单玉相提供）

　　运动会结束时，孙越崎总经理亲自给各个获奖者赠送锦旗。但有两个不解之谜困惑笔者。中科院院士童宪章对运动会曾有这样一段回忆："篮球冠军好像被总务部门夺去了，炼厂获得了足球冠军，我代表矿场夺得乒乓球冠军。矿场还得了排球、拔河冠军。"陈贲是矿场的人，他领衔的拔河队合影明明写的是亚军，童宪章怎么说是冠军？现存台湾的一幅1942年冬季运动会足球冠军队的合影，队员中却有台湾中油公司副总经理的詹绍启和杨增梯，以及丁祥炤、刘魁余，都是炼厂的工务员，对照童宪章的回忆，明摆着冠军是炼厂的，可比赛的激烈场景又是一位赛场当事人写给笔者的。

　　其实，70多年过去，后辈对孰冠孰亚已无辨识的意义，唯有老油人在抗战艰苦的环境中焕发出的为国奉献、乐观向上的精神，成为我们永久的财富。

（照片原石油部总地质师陈贲之妻黄佩文提供）

艺徒夜校

甘肃油矿局机廠艺徒夜校全体师生合影 1945.10

  抗战时期的玉门油矿为穷苦的徒工办夜校，不但不收取一分钱，而且提供所有学习用具，你听来是否感到不可思议？但这是被老油人共同的记忆证实的。油矿领导人都受到五四运动的洗礼，在他们身上凝聚的民主与科学之风，不能不引导他们办矿的思想。

  这幅照片是油矿机厂夜校 1945 年 10 月新一期学员的毕业典礼

1945 年 7 月，玉门油矿矿场开办职业学校。图为新一期学员的开学典礼合影。中间戴眼镜者为矿长严爽。

合影。中间带镜者是矿长兼校长的严爽，右边是机厂厂长（主管工程师）兼副校长的单喆颖。早在 1939 年油矿开发之初，因为大量农民进矿做工，急需提高他们的技能，时为筹备处主任的严爽便办起夜校，对新入矿的工人进行培训。1941 年，油矿进入正式开发，农民涌入油矿做工的人数急剧增加，技术工人严重不足。已出任矿长的严爽决定继续办艺徒夜校，找到工程师刘树人，请他做教导主任，主持夜校的工作，还让他兼授物理课。其他教师都是"招聘"来的在矿工程师、技术员，首先要自愿报名，然后看学识高下、是否名校出身，最后看人品口碑的优劣。到矿工作的大学生在这戈壁荒滩上并无多少业余生活，对到夜校给工人授课不仅报名踊跃，而且像求职一样生怕不被录取。陈贲、童宪章、史久光、韩业镕都曾被选中到夜校教过课，徒工夜里上课，他们夜里教课，课后再连夜备课，虽然全属义务分文不取，依旧自豪满胸乐此不疲。

1943 年，机厂在南坪建设新厂，设备得到空前的充实，工人也随着迅速扩充，原有技工严重不足，厂长单喆颖便找到总经理孙越崎和矿长严爽，请求创办机厂艺徒夜校，培养新的技术工人。对这位老部下和老搭档，孙越崎和严爽给予了热情的支持。

单喆颖被称作机厂"万能的主管"，办事极为严谨认真。他请严爽任校长，自任副校长，并以机厂各工种实用为主，亲自组织编写教材，油印成课本发给学员。他还有开先河之举，为夜校制订了校规：每天晚上两个小时的课，学员若缺课按照旷工论处；教师有公务请假，课程由教务长代。所聘教师都是学有专长的技术人员，不仅义务授课，而且在工作岗位上指导学员实际操作。

说来惭愧，单喆颖虽然贵为厂长，却因为夜校不入编，无教室

老君庙矿场
职业学校校址。

可供，只好找到几间芨芨草席做墙的草房当教室，砖垛架木板当课桌，再砌砖垛做凳子。虽简陋已极，但来自农村的学员们早为能学到技术而庆幸，根本不把这当做困难，学习热情始终高涨如潮。

这所新办的夜校，除了纸张、粉笔外没有花公家一分钱，既有正规之气，又培养人才，令孙越崎赞扬不已，让他萌生出办职工学校的想法。他到教育部申请成立油矿职工职业学校，教育部很快立案批准。1945 年 7 月，抗战胜利前夕，矿场职业学校正式开办。

源于艺徒夜校的职业学校培养了众多石油专业人才，在新中国开国之初，为石油工业的建设高潮做出了杰出的贡献。

石油河畔的夜校如同石油河涓涓不息的水，流淌在老油人的心中。

（照片台湾中油公司提供）

总经理强力制污染

　　照片上的美女似乎压根儿就不想留下靓影，因为身后单身职工
宿舍烟囱冒出的黑烟已将世界绘成丑陋的样子，或许她就是要将浓
烟作为背景，让千里外的朋友了解塞外的生活，告诉他们荒芜的戈

壁已经建起了一座城市，但过度的人烟味儿也不令人爽快。

黑烟是烧油渣引起的。当老君庙旁建起第一座草房时，便开始牵着毛驴到祁连山里一个叫毛不拉的小煤矿驮煤当燃料了，初始一二十头进山，随着油矿员工的增多，发展到五六十头，最后将骆驼也加入驮煤的队伍，用煤还是紧张得要死。转机来自孙越崎看到炼厂倾倒在石油河谷的渣油，这是很好的燃料，用它替代煤岂不一本万利？他让机厂设计出渣油炉，令渣油最终替代了煤，这对矿区

油矿职工所用燃料就是由这些骡马车将炼油的油渣拉到各家的。（单玉相提供）

的生活不啻发生了一场革命。

真是福兮祸所伏，用渣油炉生火做饭取暖方便多了，可从此只要到做饭时节，或入冬后，各户烟囱便油烟滚滚，矿区天空顿时天昏地暗。不仅是烟，燃烧不尽的原油形成微小的油滴，随烟升到空中后四处飘散，落到衣服上就是一点黑油渍，恨得大家都不敢穿浅色衣服。更让人难以忍受的是，只要出门，鼻腔里便是黑黑的。

孙越崎早就发现了这个问题，油烟的污染冲淡了油渣替煤带给他的喜悦，但因为正在为 1942 年"180 万加仑"的生产目标忙碌，无暇顾及。1943 年春的一个星期天，孙越崎带美国聘请的采油工程师贝勒到嘉峪关打猎散心，回来时远远地看到矿区像有无数条黑龙从屋顶冲向天空，然后化作黑云将矿区笼罩在昏暗中。他的心中作痛，令司机将车直接开到北坪职工"新宿舍"食堂，然后叫总务处随车陪同的人去家属区召集在家的职工家属开会。

听说孙总经理临时召集开会，虽不知会议内容，但都感到好奇，很快就挤满了大大的职工食堂。总经理的严厉是闻名的，进饭厅见他黑着脸，知道要被训，便哑口不语，令挤了四五百人的大厅鸦雀无声，直到总经理高声宣布"今日会题是'制止黑烟，保护环境'"，才松下一口气，可后面的训辞更令他们心悸。

孙越崎开讲便谈油烟的危害，接着话锋一转，针针见血地揭示黑烟制造的根源：因为公家渣油不收分文，还要派车送到家中，于是把油门开大，任意燃烧，致使燃料达不到白热化程度，冒出滚滚黑烟。他口下留情，没有说出"自私"二字，但听者已经耳红面赤。

孙越崎当场定下四条规则：自此，各家各户渣油减至 80%；烟囱只准冒白烟，冒黑烟者再扣 5 加仑；发现炉膛积留未燃烧渣油，同前规扣 5 加仑；为清洁卫生，保护环境，各户门前每天清晨扫除干净，垃圾倒入指定处所。

　　总经理严厉的垂训果真奏效，当天下午矿区的天空便晴朗起来。

（照片台湾玉门老油人刘话难提供）

子弟学校十四岁的小学生

1948.7

上排：五叔 母 父
后排：2哥 大家 玉银

这又是一个万里寻父的故事。

单喆颖自从 1936 年从陕北油矿撤出，回到河北省南皮县乡下探望妻儿老父后，便将家扔给妻子，西去玉门再也没有回来。1937

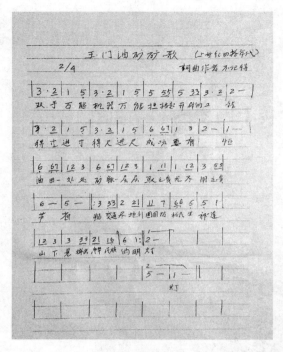

单玉相记谱记词的玉门油矿矿歌。这首歌曾在矿区小学校传唱。

年，故乡沦陷，学校被毁，已到学龄的单玉相无学可上。更艰难的是父亲的生活费无法寄到，一家人只能跟着母亲在苦难中挣扎。1944年春，母亲实在熬不过无夫的苦日子，领着十三岁的单玉相、十一岁的单玉密兄妹二人踏上西行寻夫的路途。母亲是个农村劳动妇女，与父亲失联的六年里，只是从以往的信中知道父亲在甘肃酒泉老君庙，具体做什么一无所知。在战火纷飞中度过千山万水，九死一生，历时四个月才寻到老君庙。风雨剥蚀，这娘仨儿已经成了叫花子。

到矿后，单喆颖借用小学校一间房将全家安顿下来，两个月后"八卦房"住宅有人调走搬出，单喆颖一家方有了安居之所。七十年后单玉相对笔者回忆说："到了老君庙方有了家的感觉，没有敌机的轰炸，不见大批无家可归的难民，更没有水旱灾害的侵扰，简直就是世外桃源。"

找到了父亲，单玉相和妹妹可以有书读了，可一个十三岁一个十一岁的文盲如何与七岁的一年级小学生同坐课堂呢？虽是日寇做的孽，但单喆颖仍为没有尽到父亲的责任而内疚，他只好先借来小学课本，每晚教两个孩子补习文化，虽然工作一天已很疲倦，为了孩子早日上学依旧咬牙坚持。每当他出差时，便拜请部属刘话难做教员的妻子陶荣碧帮助辅导。渴望上学的愿望促使这对兄妹极为努力，一年后，单玉相插入四年级，妹妹插入三年级。

十四岁的四年级小学生在班里该是如何的高大？加上他腼腆的性格，不被同学嬉笑取闹才怪呢。其实不然，油矿小学的孩子都有过艰难的经历，校风纯正，对这个学习努力的大哥哥非常尊重，尤其他来校不久便获得校长亲自颁发的优异成绩奖状，更成为他们心中的楷模。

给单玉相印象最深刻的是校长朱镜坚，他个头不高，面皮白净，团团的脸总是那么严肃。每到星期一，他便召集全校师生列队肃立进行升旗仪式，然后在他的带领下咏颂《国父遗嘱》，他读一句，学生跟着读一句。对内容小学生们似懂非懂，好在没人提问。一次，朱校长亲自代课，内容是整数和分数的加减法。他出了一道整数加分数等于几的问题，实际是个智力题，问了几个同学都没有答出来，单玉相举手，得到允许后起立答道："去掉加号就是本题得数。"朱校长大加赞扬。可叹的是，抗战结束不久朱校长得了重疾，一病不起，拖了几日竟撒手尘寰，令单玉相悲痛不已。

班主任高鹏很看重单玉相的才华，五年级时鼓励他以六年级的学历到酒泉报考英国人用庚子赔款办的河西中学和肃州师范，并亲自带他去考。无奈竞争激烈，单玉相只考了个"备取"。

抗战胜利，接收东北敌产任务急迫，父亲单喆颖先随孙越崎总

抗战胜利后，玉门油矿留矿员工欢送赴东北接收敌产同事时的留影，中排右二是钻采专家董蔚翘。左一是杨敏，矿室主管工程师，1949年护矿斗争中被推举为护矿大队长。前排右一是单玉相，左一是妹妹单玉密，单喆颖已先行到东北接收阜新煤矿，董蔚翘只好让两个孩子代父辞行。

经理前行，不久，单玉相跟随母亲东归故里。虽然从此离开了玉门油矿，但他至今仍记得学校教唱的《玉门油矿矿歌》：

> 双手万能，机器万能，担当起开辟的工程。得寸进寸，得尺进尺，成功要永恒。油田一处处，矿脉一层层，取之贵无尽，用之贵节省。畅交通，尽地利，固国防，裕民生，祁连山下悬挂出中华民族的明灯。

（照片单玉相提供）

【链接】

创办玉门油矿小学校

1941 年 5 月，甘肃油矿局成立，玉门油矿正式开发。总经理孙越崎从美国留学归来时曾绕道苏联考察，他办矿的思想很多都借鉴了苏联的经验。玉门油矿地处戈壁，犹如大海中的孤岛，这决定了必须把它建成一个五脏俱全的小社会。此时，职工已经近 3500 人，其中不少拖家带口来到油矿，他们不愁吃不愁穿，就愁孩子没学上。办学校成了孙越崎留住职工心的第一个举措。

据《玉门油田志》记载："1941 年 9 月，甘肃油矿局创办油田职工子弟学校，设有一、二、三年级，二、三年级为复式班，共有学生 60 名。"

抗战胜利后赴台的刘话难先生有《老君庙的故事》一书留世，书中有油矿职工子弟学校的记载："职工子弟小学，校长朱镜坚原是重庆国立师范附小校长，到老君庙来时，带来男女教员六七人，其中一位李西影女士，后来做了高厂单式之兄的夫人，其他教员则多从兰州师范学院聘来，阵容相当坚强。……朱校长在抗战胜利后离职。"

《玉门油田志》还记载："1941 年秋，中共中央南方局书记周恩来授意南方局常委、《新华日报》社社长潘梓年，委派中共党员、《新华日报》采编室主任田伯萍带领丁毅、宁汉戈、丁酉成、黄小穆、高德藩、孙铭勋等 7 名共产党员到老君庙矿区，以子弟学校教职工身份为掩护，建立党支部。1944 年秋，迫于形势撤回重庆。"

曾就读油矿子弟学校的单玉相撰文回忆："校长朱镜坚先生是

孙越崎总经理从重庆请来的教育专家，个头不高，面皮白净，团团的脸面是典型的南方书生，态度严肃，不苟言笑。1946年春，校长得了痢疾，因医疗条件差，竟一病不起。学生由班主任带队去新宿舍饭厅兼礼堂开追悼会，进门时每人拿朵小白花挂在胸前。谁致的悼词，啥内容都记不得了。"

朱镜坚先生当年在大后方是有一定声望的教育家，关于他的去世，老人们的两种说法一并摘录。

资源委员会工矿产品展览会

　　这幅照片的珍贵在于，这是目前所见唯一的抗战时期民国政府最高领导人蒋介石身处工矿企业的影像，而且主管经济的最高官员经济部长兼资源委员会主任翁文灏（左四），资源委员会副主任钱

——老照片背后的故事

昌照（左三），以及中国能源工业的开创者、甘肃油矿局总经理孙越崎都在同一镜头中。

　　为展现大后方政府和民众面对日本侵略者残酷的战争杀戮和封锁，同仇敌忾，生存战斗，顽强不屈的精神，宣传大后方国营工业的建设成就，翁文灏在 1943 年底开始筹划举办一个"资源委员会工矿产品展览会"。展览分为资源、煤、石油、钢铁、非金属、特种矿产、化工、电器电力、机械 9 个馆。因为日机的轰炸，没有专门的展览场所，经联系沟通，利用学生寒假租用曾家岩求精中学作为展览场所。

　　展览会 1944 年 1 月 27 日开幕，立时轰动山城，前往观者如潮，

　　宋美龄（左一）、宋子文（左二）参观玉门油矿展览。经济部长兼资源委员会主任翁文灏（左三）陪同参观。

宋美龄（前左二）、宋子文（前左一）在重庆玉门油矿展览的矿区沙盘前。经济部长兼资源委员会主任翁文灏（后左二）、玉门油矿总经理孙越崎（前左三）陪同参观。

成为山城的盛事。因利用的是学校的教学设施，展室场地非常窄小，这反而激起了参观者更高的爱国热情，人人怀着企盼之心走进展馆，带着自豪之情告别展会。《中央日报》为此发表了激扬而深刻的社论《民族自信心的具体化》："我们由此更增强了抗战必胜建国必成的信心，我们由此可以知道，中华民族坚贞不屈的精神，不但能够以劣势的技术打击强敌，并且能够以劣势的设备产生优良的成品。……我们在技术上确有自力更生的能力，从无办法中想出办法，开发我们埋藏的资源，以增进国防的力量，改善人民的生计。"

2月21日上午，蒋介石携夫人宋美龄及时任外交部部长的宋子文参观展览，翁文灏、钱昌照陪同。我们的照片就是蒋介石在石油展室参观的情景。孙越崎亲自执鞭为蒋介石讲解。可以看到石油馆展室的仄仄和石油展品的堆挤，但都没有减弱孙越崎讲解的认真和蒋介石听取的专注。据说，蒋介石最感兴趣的就是石油馆。

我们还可从主照片和配图中看到都有翁文灏的身影，虽是静态，却感觉到他作为展会的主人在不停地忙碌。他是个书生，不为官道，但他爱国的心却烈火一般炽热。此时，世界反法西斯战线已开始反攻，面对胜利的曙光，翁文灏开始谋划战后的国家经济建设，下达国营各行业编制战后第一个五年计划的任务，他亲自组织编制了《战后重工业五年计划》。这个展览便是翁文灏为战后工业发展布局的一部分。

石油馆的展品是以一套连续甑炼油装置模型和一套炼制活动模型作为展览主体，配以图片、图表，展现了石油炼制作为中国新兴工业的龙头所取得的成就。石油馆自开馆便成为展会的热门展览，最使参观者流连忘返。目睹玉门油矿在荒原中的崛起，更加鼓舞了大后方民众的抗战斗志。

（照片中国现代科学巨匠翁文灏之孙女翁维珑提供）

【链接】

三张参观石油展照片的发现与研究

此幅孙越崎在石油展馆为蒋介石讲解的主照片 20 年前便已在一些书籍中出现过，但均不清晰，明显剪裁过，甚至还有拼接的伪照片出现在大型画册里。这些不同地点出现的照片都有一个共同的说明：蒋介石 1942 年 8 月 29 日到玉门油矿视察所照。

笔者在研究玉门油矿史时，发现这个已成定论的说明有三点无法解释的史实，一是所有史书都没有记载翁文灏陪同蒋介石视察过玉门油矿，8 月 28 日这天翁文灏正在重庆出席经济部的会议；二是笔者采访玉门石油老人时，询问油矿有否为迎接蒋介石视察办的展览，老人们均给予否定；三是《孙越崎传》中没有蒋介石参观油矿展览之事，作传者连午餐四菜一汤都写了，参观展览这样的大事如何能丢掉？这三点说明此照不是在玉门油矿所摄。笔者曾对此误呼吁过改正，但因舆论的惯性太大，呼吁很无力。

2012 年 4 月下旬，笔者随《玉门老油人纪事》摄制组到翁文灏孙女翁维珑家采访拍摄。翁维珑曾在抗战时期随父亲、我国"中国输油第一人"翁心源到玉门生活过，她拿出了相册请我们翻阅。蓦然我看到三张蒋介石参观石油馆的原始照片，其中就有流传世上的孙越崎为蒋介石讲解的照片，但明显比流传的景物完整并且清晰。在这些照片中不仅都有翁文灏，而且其中两张竟看到了宋美龄与宋子文的身影。照片是翁文灏国外的亲属所赠，应该是 1949 年前带到海外的。

宋美龄、宋子文的出现有力地否定了玉门油矿说。有了这个线索，拍摄结束后我立即查看翁维珑送我的《翁文灏年谱》，书中明确记载：1944 年 2 月 21 日，上午，陪同蒋介石参观"资源委员会工矿产品展览会"。

欢腾的石油城

  这幅玉门油矿石油城的照片摄于抗战胜利的前夕，新建的办公厅大楼已经出现在照片的中央。它没有都市奢华的外表，在祁连山下的戈壁滩上显得那样质朴与宁静，但想到五年前这里只有满目的戈壁黄沙，你就不能不为这座骤然耸立的城市而骄傲。虽然远眺还不甚清晰，但也无妨，我们还配发了一幅抗战结束前油矿城镇的手绘示意图。绘图者叫黄剑谦，战时任矿场工务员，此图是他汇集了

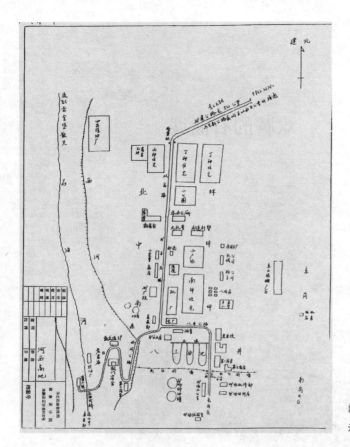

黄剑谦手绘的玉
门油矿 1945 年矿区
示意图。

靳锡庚、史久光、王道一、韩业镕等十余位老油人的意见绘制而
成，弥足珍贵。

当孙越崎出任油矿总经理初到老君庙时，他的心中便涌动出在
石油河畔建设一座石油城的蓝图，随着石油的涌流，炼油厂的耸
立，生活区的扩大，石油城的蓝图也越发的清晰。1942 年 "180 万
加仑" 生产目标的完成，使他认定到了制订石油城规划的时机。此
时距他上任还不足两年。1943 年春天，他开始组织人力制订矿区
发展规划。

1944年底落成的玉门油矿办公楼。（刘话难提供）

玉门油矿医院。医院员工合影庆祝抗战胜利。（刘话难提供）

玉门油矿幼儿园的
孩子。（玉门油田提供）

孙越崎是个很会选择时机宣布重大决定的人。这年 7 月石油河
突发洪水，冲垮了河西炼厂，令油矿生产受到极大挫折，员工情绪
低落。孙越崎恰在这时，一面制订新的炼厂建设计划，一面在他发
起的油矿职工"国民月会"上讨论石油城的规划。

会议是利用晚上下班时间在孙越崎的办公室召开的，与会的是
二级以上单位主管和工程师。办公室墙上悬挂着一张划分了区域的
矿区地形图，会没开始，已经叫人心中热乎乎的了。孙越崎先介
绍了石油城的规划和城市区域的名称，他动情地说："南边是井场，
炼厂设在北边四台，中间就叫石油城。我们要把它建设成一个美丽
的花园城，住宅就设在北坪，把家属都搬来，对人就说家住北平。"

总经理生动的讲话深深感染了会场上的每一个人，在其后热烈
的议论中，南坪、中坪、北坪、八井、西河、东岗、四台等地名

一一确定了下来。"八井"是为纪念功勋井八号油井命名的,"四台"则是因为从石油河到炼厂有四层平台而成名。当时,许多地名的区域还是荒凉一片,但不久便梦想成真,这些地名直至76年后的今天还在使用着。石油城的规划蓝图第二天便传遍油矿,员工家属看到未来的远景,一扫洪水的阴霾,精神蓦然振奋起来。

经过两年的建设,首先修成了贯穿矿区南北的通衢大道,在核心地带中坪相继建成办公厅大楼、大礼堂、单身职员新宿舍,加上此前落成的"祁连别墅"招待所,并称"四大建筑"。中坪与南坪之间建起了大片职工住宅,发展到1946年,不但职员可带家属分到住房,就是工人升到16级(分25级),也可带家属分给住房。

最后完工的大礼堂是石油城最宏伟的建筑,从此油矿的集会、庆典告别了露天的骄阳、寒霜与风沙。最令大家欣喜的是,礼堂每周都会有平剧、话剧、豫剧、秦腔的轮流演出。原有的办公厅建筑

玉门油矿的汽车站。(玉门油田提供)

1942 年开办的"甘肃省老君庙邮政局"。（玉门油田提供）。

　　1947 年 7 月，中国石油公司与美孚、得士古、亚细亚石油公司组成甘青联合调查团，对玉门地区进行地球物理勘探期间航拍的玉门油矿矿区鸟瞰。

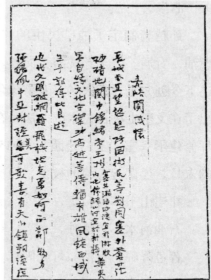

1942年，翁文灏手书《嘉峪关感怀》三首，以贺玉门油矿开发的成果：

其一：长城万里望悠悠，防国为民筹划周。塞外苍茫沙碛地，关中锦绣帝王州。
华夷界自缘文化，守御功高越筹傅。犹有雄风镇西域，生平难得此良游。

其二：近代文明破纲罗，飞机坦克勇如何？西邻物力强堪佩，中亚封疆美可歌。
喜有天山镇朔漠，庶看春气度黄河。玉关未闭边陲界，杨柳三千路正多。

其三：石脂功用越从前，天赋自应重莫先。正在走廊通大道，幸多富力储油田。
玉门始见甘霖润，华国须看伟绩全。昔日长城曾万里，如今凿井与蒸煎。

按照孙越崎的规划改建成医院，扩大规模，引进人才，增添设备，使油矿医院成为河西走廊上最负盛名的医院，矿长严爽的夫人因难产而逝，炼厂著名工程师谭世藩因伤寒病殁的事情一去不复返了。

　　油矿相继办起了学校、幼儿园、俱乐部、邮局、福利社、洗澡堂、成衣店、洗衣房、理发店、布店、点心铺；建起了粮食加工厂、酱油麻油厂、豆腐房、酱坊。最让职工家属称道的是开办了矿区公交，购来两辆大巴士车，沿南北大道行驶，还定时开往嘉峪关、酒泉。

孙越崎制定了油矿民生的"八不交费"：住房、用电、用水、燃油、看病、上学、洗浴、交通。为将矿区建成花园式的城市，他还下令创办老君庙农场，专事绿化。农场的农艺师用一年时间试验出了在戈壁上种植树木的办法，在市区道路两旁广种杨柳，还在北坪修建了一座"玉门公园"。1945年开春，石油城好像预测到日寇的末日，摇摆起葱绿的枝条，迎接即将到来的胜利。

祁连山下不再寂寞，

石油河水不再孤独，

暮色降临，石油城灯光闪烁，一片辉煌。

短短的几年时间，一个由爱国知识分子创建的，拥有一万职工家属的石油城在大西北荒凉的戈壁滩上拔地而起。这是中国人民面对侵略战争，在世界东方创造出的奇迹！

（照片童宪章提供）

跋

与马镇老师相识是在 2006 年的夏天，那时我在执导拍摄文献纪录片《中国民主党派》，此时他正在中国农工民主党中央宣传部工作，接受了与我合作的任务。

马镇老师是一位著作颇丰的作家，在一同前往湘西拍摄的路上，他向我讲述了他自 20 世纪 90 年代初开始采访中国石油的摇篮玉门油矿老人的经历——

1992 年，还在中国石油文联工作的马镇接待了一个来自台湾的玉门旧人访问团，在这个访问团里意外地见到了担任团长的未曾谋面的姑父，由此，一段尘封已久的历史画卷逐渐展开……

中国石油地质先驱、中国采油第一人、中国输油第一人、中国炼油第一人、中国第一位石油女勘探队员，陆续展现在读者的眼前。

石油作为现代文明的血液，进入 20 世纪中国的知识分子以追赶世界发展的脚步开始艰难地寻找它。抗日战争爆发，中国的沿海被日军封锁，由于抗战对石油的需求，在祁连山下苍凉无垠的玉门石油河畔聚集起来自全国各地的中华民族优秀儿女，"一滴汽油一滴血"，在这个特殊的战场建设起一座现代化的石油城，造就出中国石油工业的摇篮。

随着马镇老师采访的深入和大量文章的发表，玉门油矿在抗日战争中作为中国石油工业的圣地和对中国石油工业的贡献逐渐成为共识。他历经十年完成的报告文学《大漠无情》相继获得"第二届中华铁人文学奖""北京市庆祝建国 55 周年文学优秀作品奖"。

2012 年，马镇老师退休，我们一起开始了用视频记录玉门石油老人的故事。此后的一年多时间，我们在一起走遍大江南北、海峡两岸，用镜头将数十位石油老人和在玉门生活过的子女的记忆凝固到时空的瞬间里。

历史既是波澜壮阔的又是有血有肉的。此次，由我们共同策划，由马镇老师执笔，挑选出采访中收集的二百多幅历史照片，配以数十篇文字飞扬的故事集合成书。这部书必定会成为研究我国现代石油工业珍贵的史料。

愿九十年前的历史成为民族的记忆，愿马镇老师为这段历史的付出收获多多，更愿有更多的同人如马镇老师一样去探求揭开尘封的历史。

感谢玉门油矿前辈和他们的子女对采访拍摄的大力支持，感谢老油人后代韩红老师参与拍摄时的辛勤付出，更感谢人民出版社对本书出版的鼎力支持。

钟习政

2019 年 7 月